扛住就是本事

冯仑 著

北京联合出版公司

目录 CONTENTS

序言：要有看世界的智慧   VI

第一部分

成事的方法

1

01	裸体战术：谈判需要直与快	03
02	泼妇理论：浅灰色地带的规则	08
03	僵局规则：达不成共识时如何妥协	13
04	时间效应：时间如何让人变得伟大	21
05	熟人成本：能通过市场解决就别用人情	26
06	孙子心态：挣钱要善于低头求人	32
07	大哥姿势：领导者指道、扛事、埋单	37
08	合伙人困境：如何处理能共苦不能同甘	42
09	辛德勒悖论：最后帮你的通常不是所谓的"好人"	48
10	周期律魔咒：如何实现企业持续发展	53

第二部分

商业的底层逻辑

11	市场是有腿的，钱也是会跑的	63
12	"狗蛋式创业"和"职业运动员式创业"	69
13	拥抱变化，告别平均数思维	75
14	卖铲子的都活着，挖黄金的死了	82
15	秘鲁马丘比丘的老鼠生意	87
16	不敢想的地方是未来	92
17	超吸金的复联 IP 是如何炼成的	98
18	投资是在不确定中寻找确定	103
19	电影这门生意，比你想象的复杂	110
20	超级碗建立了最好的商业赛事模式	115
21	钻石暴利：商品如何教育消费者	120
22	美国房地产商的秘密	125
23	5G 加 IOT 将是超越互联网的巨大机会	131
24	房地产未来的发展趋势	136

第三部分

用增长思维实现永续经营

25	少做决策才是上策	143
26	利润之后的利润，成本之前的成本	149
27	企业要像军队，用小成本完成大任务	155
28	经济形势低迷，如何逆势进阶	160
29	裁人还是被裁，都是新的机会	166
30	做生意得有保险意识	171
31	家族企业的财富传承	176
32	"商二代""富二代"如何接班	181
33	企业的失败与救赎	188

第四部分
创业者的成败启示

34	用不同的"杠杆",企业结局大不相同	197
35	平时比追求,战时比底线	202
36	关于湖畔大学,你应该知道的事	208
37	企业为什么一定要做公益	213
38	新加坡房地产的启示	220
39	历史上的商业大师	227
40	不同地区商人的生意经	239

第五部分

在焦虑中生长，时间站在你这边

41	创业就是要选择未来	261
42	年轻人该有怎样的创业心态	267
43	年轻人要比起点，比机会	271
44	大象哲学与"象牙女王"	278
45	了解伟大的真实，相信真实的伟大	284

序言　　　　　　　　　　要有看世界的智慧

在过去的一两年里，我参加了很多有趣的活动，经历了一些新的事，遇到了一些有趣的人，看到了不同的风景，品尝了跟过去不同的人生滋味。从这些经历中，我得到了一些小小的体悟、回味，我想把这些见闻和思考分享给大家，希望能够帮助到一些还在创业的朋友，或者正在遭受小小的挫折，感觉到困惑，需要交流的朋友们。

为什么选择在这个时候来做这件事呢？因为2019年我整整60岁了。

古人说，三十而立，四十而不惑，五十而知天命，六十而耳顺。到了这个年龄，对很多事的期待就不同了，人生目标也会有所不同。观山观景、听风听雨，都有一些新体验，特别是对商业的认知。所以我想在这个阶段，以一个朋友的身份跟大家聊聊这60年的人生经历、30年的商业观察。

在过去60年的经历当中，我除了坚持去做好企业，还尝试着去做了一些其他的事，了解了很多新的领域，读了很多不同的书，走了不少国内外的地方，也遇到过一些奇人异事。**在这个过程中，我看东西的角度越来越多元，体验也越来越多样，也发现很多人是透过他们的事迹、故事、言行来启示我们人生和商业发展的逻辑的。** 在这个过程中，我也得到了一些力量，同时发现了自己的未来。

比如说有一段时间苏南有很多乡镇企业，非常红火，做得很好，后来这个群体似乎突然就不见了。其实在过去我见过很多类似的情况，有些企业做得很大，却突然倒闭，有些人的命运在短时间内发生了逆转，从天上到地下。有时候我会很好奇这是为什么，最终我发现他们都有一个缺憾——**在行进当中缺少一些自我学习和自我反省的能力，这恐怕是导致他们走弯路的一个原因。**

后来我就想，如何才能提升这种能力呢？我觉得最重要的是在三个方面要用心。

一是读书。 通过读书去获得新知，通过读书去自我检讨，达到自我校正、自我进步的目的。

二是行走。增长见闻。到处行走，去走别人没有走过的路，经历别人没有经历过的风暴、大雪、严寒、酷暑。然后去冒一些别人不能冒的风险，去别人不能到达的地方，来增加生命的宽度，启发自己对这个世界全面地思考。

除了读书、行走以外，我认为**第三个重要的方面就是与人谈**。过去人常说"行万里路，不如与名人谈"，就是说你跟什么人聊天挺重要。所以在过去这么多年里，我喜欢跟人聊天，他们当中有伟大的人，也有落魄的人，甚至有被大众称之为浑蛋的人。

跟不同的人聊天，你会获得看待世界的不同视角和智慧。举个例子，我以前听过一首歌，郑智化唱的《星星点灯》。郑智化是一个台湾地区的歌手。因为从小有腿疾，走路有些困难，所以他常说，要从底下看人生。也就是说最潦倒的人从最低处往上看，从最潦倒的地方看最辉煌的景观。

越是潦倒的人，越是从底下看人生。其实他们看到的景象更全面，得到的经历更残酷，产生的感受更真实。从底下看人生，不同的人生场景揭示出的人生道理，反而更真实，对自己更有启发。

所以在这本书里，我会介绍一些有趣的人，带着大家一起来挖掘更多看待这个世界的视角。

除了这些人生小体会以外，这本书里还有我看到的一些企业家的行为模式，和我从商30年来在经营方面的一些、方法、观察、体会。

总之，写这本书的目的，就是跟大家分享这几方面的经历。然后我们再共同经历一次从容、有趣、而且能够启发我们思考的过程。当然，如果还可以帮助一些朋友，让他们站得稳、看得清、走得端、行得远，那我就很高兴了。

似是而非观世界，深入浅出讲故事。我想跟你们一起讲故事、观世界。

是为序。

第一部分

成事的方法

01

裸体战术：谈判需要直与快

我们在沟通、谈判的过程中，需要委婉地表达、迂回地交流，但也时常达不到目的。比如说，你委婉、迂回、暗示，这些东西对方可能接收不到，或者对方并没有感觉到压力，也不清楚你最终的需求，所以效果未必好。一旦出现这种情况，就需要另一种方法：裸体战术。

所谓"裸体战术"，就是要把想说的话，不管好听也好，不好听也罢，都直白地一次性说到位、说到底、说到最后。摊了底牌，反而能够达到互相理解、促进合作的效果。

我举个例子，大家都知道我们过去是由六个人创办的万通，在第一次界定合伙人权益关系的时候，我们都不懂后来的《中华人民共和国公司法》上规定股东权利的这套做法，也没有现代公司治理的概念，所以我们用的是水泊梁山的模式，也就是"座有序、利无别"，大家虽然职务有些差别，但利益分配是平均的。

随着公司的业务越来越多，大家在企业管理、公司发展方向上产生了分歧。1995年，我们决定根据退出机制和出价原则，以商人方式分家。

当要分家的时候，大家心里肯定有一些疙瘩。为了各自把公司的事情管好，我就对其中的一个朋友说："你走了我会在公司骂你三个月，骂完之后我就会好好说话。因为你是公司的主要领导，你走了，又带走了人，我要不骂你，我在这儿的正确性如何体现？我继续管理公司，总得有一个合法、正当、正确的依据吧？所以我必须骂你三个月。作为交换，我们过去的品牌也好、项目也罢，你还可以拿去做，大家都各自可用。"

这个朋友表示认可。**就这样，我们在做之前，比如在所谓"骂"之前，我把想法跟对方明明白白地交代清楚。**这样一来，即使他离开了，他听到我在身后不断地批评他，或者听闻一些他认为不一定对也不会开心的话，但我提前用"裸体战术"跟他解释了，所以他也理解，不至于太生气。

之后果然就是这样一个过程，我在公司内部要提高我的正确性、合法性、正当性，我们高大上的形象要维持，那就得不断地批评已经离开的人，这样的话三个月一过，就只说对方好话。**经过这么多年回头看，也没有影响到我们的友谊、情谊。而且在后来的发展中，大家还有更多的谅解、理解和合作。**

这就是说，在沟通、谈判的过程中，要足够的坦率和坦诚。如果没有直接地事先说好，那么当一个人离开以后，你在背后批评他，说一些他不太愿意听的话，当然就会引起误解。所以把事儿直接说到位，效果会比拐弯抹角要好得多。

我还听过一个故事。苏州有一个女大学生，跟老外结婚，婚后发现老外总把钱算得特别清楚，每一笔钱都仔仔细细，她就很生气。老外就挺奇怪，觉得你的钱为什么要跟我的混在一起呢？将来我的钱和你的钱算不清了，我俩要吵架了怎么办？后来两个人又因为女方的父母该怎么养而起了争执。在中国，父母如果生病了，子女有能力就一定要赡养、帮助，不得有二话，这就是孝顺。但国外不同，老外说要分清权利和义务，你的妈妈不应该用我的钱来养，于是两个人就为这事吵架。老外这就是"裸体战术"，我都跟你说清楚了，所以你不应该怪我。

刚开始，这个女大学生很不爽，时间长了，慢慢地她就发现，每次都先说清以后，反而不吵架了。因为后来都照着做也就理解了，原来这是他的文化，"先小人后君子"，反而到后面你就变成真君子。**两个人虽然磕磕碰碰，但每次外方用"裸体战术"直说，她慢慢消化，慢慢适应，不满中理解，理解中相处，最后日子还过得挺好，而且在互相了解以后，都知道了对方的底线，也更有安全感。**

王石也跟我讲过一个故事。他说去印度尼西亚爬山的时候，是由当地的食人生番做向导。我就问他，那这些食人生番如果饿了，会不会吃掉你们？他说自己也是这么想的，所以特别紧张。王石看到食人生番光着身子底下就一块布，心想他们万一饿了，自己被吃了怎么办？于是他就想，与其紧张，还不如直接跟对方沟通，所以在路上尽可能地跟对方说话。甚至把自己的担心也直说出来，越说越放松，于是就有了安全感，所以后来发现，先开口说话很重要。直接说，说到对方明确你的担心、底线和立场，沟通起来反而更安全、更容易。

当然，相比起欧美，文化基因决定了我们说话的时候愿意选择含蓄、抽象的表达方式，这在传统文化保存越好的地方、越传统的社会就越发明显。我有一次去台湾，发现跟台湾的朋友在骑自行车环岛的时候，经常会因为大家比较客气，所以骑了一天下来就找不到词儿了。原因就是，我们都不好意思说我们之间有很大的隔阂，所以就找一些公共话题聊，可这些公共话题说完了呢？再说一些段子。突然发现，这个段子他笑的地方我不笑，我笑的地方他又不笑，大家的笑点相差很大。当我们在一些事情上直来直去，不高兴直说的时候，反倒大家都变轻松了，这个体会很有意思。所以我们后来就发现，在沟通的时候又直又快，把话说到位，其实是一种又爽又能解决问题的交流方式。

当然，"裸体战术"的使用也要分场合。如果大家都端着、装着的时候，你突然使用"裸体战术"，就会让人尴尬，也可能会有人觉得你"二"。如果是大家卸掉伪装的时候，比如说在酒桌上，就比较适合。我发现很多人酒过三巡之后，酒酣耳热、卸去伪装，什么都敢说了，说完了，撒了气了，爽了，回家睡一觉，第二天起来还挺高兴，见面的时候哈哈一乐结束，这就是发现有话直说比有话不说、有话绕着弯说要好很多。

不光是在商务谈判、沟通的时候，在有些事不太有头绪、想不明白的时候，直说也是一个有效的途径。**面对看似复杂没有头绪的问题时，不墨守成规，直奔目标，也许问题就能迎刃而解。**

总之，当商业谈判时，或者在温良恭俭让的状态下，沟通无法进行下去时，不妨尝试一下"裸体战术"，摊开底牌，直白地一次性把话全说到位，僵持不下的局面也许瞬间就能打开。

02

泼妇理论：浅灰色地带的规则

"泼妇理论"是我很多年以前提到的一个观察，也是对一种现象的概括。所谓"泼妇"，就是没有底线。底线越低，手段越多；底线越高，做起事来就束手束脚，手段自然就少。这种现象在市场经济发展初期，在民营企业还处在野蛮生长阶段，在一些冲突的场合会比较常见，也就是野蛮战胜文明的时候。

最近十年，在相对规范的市场博弈中，这种现象才有所减少。即使这样，在一些暗战、浅灰色地带，比如说在一些社会突发事件上，这种潜规则或这种现象也时有发生。

当时我就会观察，在这样的冲突和矛盾中，到底是哪些人容易得手？哪些人会从心理上、手段上、方法上、气势上最终取得优势，且能收获利益，泰然自若地离场？答案就是"泼妇"。所谓泼妇者，就是高声叫骂的，不按章法出牌的，以道德底线以下的中年妇人为主。

这其中有几个要素。

第一就是高声，而且胡搅蛮缠、大声叫骂，不怕围观的人多，甚至有意招呼来更多的人。"泼妇"不怕丢脸，甚至没脸可丢，因为脸早就丢到地上了。也就是说，世俗的道德、习俗、风俗对她已经没有约束力，所以她不怕人多，而且围观的人越多，她越来劲。

当人多也不能让她得逞的时候，还有第二条：撒泼。最典型的做法就是一屁股坐在地下，把自己的衣服扯烂，脸上抹一把泥，一把鼻涕一把泪，哭天抢地，做出一副被侮辱、被蹂躏、被欺负的样子。

这时候"贵妇"往往是什么反应呢？首先，见人多了，"贵妇"就有点架不住、有点怯。因为她觉得自己有脸有面，要讲道理，要按规范去处理一件事情，可是见到这么多人围观，而且对方高声大喊，自己先就没了气势。"贵妇"看到围的人一多，而且是贩夫走卒之辈，大家七嘴八舌地指指点点，她脸上就越发挂不住，觉得自己一定不能有违道德底线，和"泼妇"一般见识。

于是，"贵妇"很快就放弃了自己的原则和道理，丢下几个钱打发泼妇，马上转身离去。先赔偿，不管有理没理，先给几个钱就撤了，这是"贵妇"最常见的反应。

如果是脾气稍微倔一点的"贵妇"，可能会申辩几句，说一些自以为有才识、有道德、有情怀的话，指责"泼妇"并博得别人的同情。在这种情况下，"泼妇"会马上从地上跳起来，扑上去连抓带扯，"贵妇"哪儿受得了这种羞辱，必定落荒而逃。

　　而"泼妇"不但收获了众人赞赏的眼光，甚至是掌声，还会捡起"贵妇"丢下的一篮鸡蛋、一张信用卡、一沓钱，反正是得到了好处。这时她志得意满地站起来，拍拍屁股上的土，又去享受她那市井快乐的生活了。

　　这样的事我看得多了，这种民间所谓的一哭二闹三上吊，我把它叫作"泼妇理论"。我时常会想，为什么"贵妇"不能最终取胜呢？她手里难道没有法律武器吗？她难道真的不占理吗？她为什么会败下阵来呢？

　　几年前，我去了波兰的克拉科夫，去看了二战期间德国人屠杀犹太人的奥斯维辛集中营。我在那里发现了一个令人震惊的现象。犹太人被一火车一火车地拉到集中营，而看管他们的德国人其实很少，少到不足这些犹太人的1%。但就是这不到1%的人，命令所有衣着光鲜、受过教育、信教的文明的犹太人，拿着自己的东西从火车站上下来，按照男女老幼分开，最后病弱的和强壮的也分开，再在指定的位置站好。这个过程中，犹太人竟无任何反抗。最后，德国人会先让那些老弱病幼的人去毒气室，这些人同样按照要求，取下耳环、眼镜、金牙、手表等值钱的东西，直到走到毒气室门口，他们还会按照德国人的命令把外衣也脱掉，只留下一条裤衩，排着队乖乖地走进毒气室。

第二批进去的人甚至要把第一批死了的人火化掉，把骨灰弄干净。之后是第三批、第四批，绝少有人反抗。

我一直在想，数量在德军10倍甚至100倍以上的犹太人，其中不乏精壮男人，为什么就这样接受屠杀而不去反抗呢？如果说，这群人是几百万头牛、几百万头猪、几百万头驴，估计过程都不会这么容易。说不定几百万头驴还会把德军全都踢死，即使德军有机关枪也无济于事。

文明与野蛮在一起的时候，为什么文明反倒容易被野蛮奴役呢？有一本书上的解释说，文明是一个驯化的过程，让人脱离野蛮，进入秩序、道德、法律、规则当中。

人一旦被驯化，变成文明人以后，他就会按照这种习惯、道德、法律、规则去办事，将此视为理所当然的、必需的、可以被坦然接受的事情。所以，越是被训练得好，越是受教育水平高，相对来说，他的底线就越高，行事规则就越确定，自己在心里已经把预设的程序设定下来，就只能按照被教化之后的方式去应对外部的挑衅，从而丧失了本能。

这时，一旦有野蛮人过来，命令他们把衣服脱掉，把耳环摘下来，把眼镜摘下来，他们也没有任何反抗意识，似乎认为这是应该的。接近毒气室的时候他们已经绝望了，在这种情况下他们仍然排着队进入毒气室,也没有任何反抗,这是一种悲哀,甚至可以说是文明被野蛮奴役的悲哀。越是文明程度高,越容易被野蛮所奴役,所以野蛮在文明面前,往往表现出一种原始的冲动和暴力的强大,以及不按游戏规则来玩的优势。这就是文明和野蛮在相处过程中的一种潜规则,或者说是一个显而易见的结果。

所以,越是没有被教化的,本能越强大。也就是说,越接近于野蛮,就越容易变成野蛮的胜利者。

话说回来,在"泼妇"和"贵妇"的关系中,"贵妇"就是被教化的文明人,最后却沦落成冲突关系中的弱者、失败者和被奴役者。当"贵妇"遇上"泼妇",当文明遇上野蛮,野蛮就是这样取胜的。

历史给了我们一个特别有意思的警示,不要沉迷于我们的文明进步当中,我们其实是经常被野蛮所征服的,而当野蛮征服文明的时候,我们常常会像"贵妇"一样落荒而逃。

03

僵局规则：达不成共识时如何妥协

在一个企业或组织里，当大家面临困难，进也不行，退也不行，左也不行，右也不行，进入僵局的时候，我们怎样来破局？怎么找到解决问题的方法？答案就是僵局规则。

1991年，我们六个人一起创办公司。那个时候没有《中华人民共和国公司法》，也没有现在大家熟悉的解决公司矛盾的一些通常的规则。我们就组织了一个常务董事会，六个人一人一票，规定所有的事，四个以上的人同意才能干。实际情况是，即使四个人真同意了，剩下的两个人也会特别不开心，也不怎么能下决心真干，效果就不好。所以，那个时候，六个人经常陷入僵局，没法一件事做到六个人都同意，也没法说四个人同意就坚决执行，于是很多事就议而不决，不停地打转。

这个僵局给我们很大的压力。**当时还没有《中华人民共和国公司法》，也不知道国外成熟的公司或者是国内所谓的先进公司会怎么做，我们就决定出去学习。**在学习之前我们也做点功课，我们当时做的功课很中国，也很土。比如我们先"拜访"《水浒传》，"拜访"洪秀全，然后再看看民国的商人故事，看看前人是怎么做的。

我们试图从这里面找到一些破解僵局的方法。说起来，虽然最后并没有找到真正解决问题的方法，但确实得到了一些启发。

比如说《水浒传》，实际上提供了一个江湖组织的游戏规则。这个规则最重要的就是怎么样能从1个人干到108人，这些人在一起怎么样做事，彼此形成合力。这里面有几条规则很有意思，也很重要。

第一条规则叫"座有序，利无别"。排座次一定要有老大老二，但利益分配是一样的。当时水浒上的利益分配规则叫"大碗喝酒、大块吃肉，整套穿衣裳"。也就是说，喝酒、吃肉、穿衣服、利益分配上是绝对平均的，只是在称谓、座次上有一二三四。

第二条规则是关于排座次的。水浒里关于排座次有三个规则。**第一个是年龄标准。**当大家凑到一起喝酒，谁都不认识谁的时候，就得先问问年龄。年龄最大，大家一定要尊上座，其他人就挨着边坐。在江湖上混，不管什么人，只要年龄大，先尊敬、先拜是没有问题的，这在中国挺重要的。

如果两个人年龄一样大怎么办呢？**那就得用第二个标准：看**

背景。曾经在哪里混过这很重要，这个背景决定了在年龄差不多的时候，一个人是坐上位还是次位。

如果这两个标准都差不多，那就得用第三个标准，叫"君权神授，不择手段"。 比如说，晁盖临死时有一个遗嘱，谁抓住了害他的人，谁抓住史文恭，那么这个位子将来就给谁坐。

那最后是谁抓住了史文恭呢？河北大户卢俊义。可是宋江很想坐大哥这个位子。拿下史文恭的时候，大家聚在一起，宋江就闷闷不乐，从聚义厅里走出来溜达。他走出来以后后边还跟了俩人，一个叫吴用，一个叫李逵。李逵就问，哥哥为何闷闷不乐？宋江没搭理他。吴用也小声说，你别在这儿吵，然后又低声跟宋江嘀嘀咕咕耳语了一会儿。第二天一起喝酒的时候，突然有人喊，出事儿了，快去看，山那边塌了一个坑。大家赶紧跑过去一看究竟，怎么回事儿呢？原来山上有一个地方塌下去一块，里边居然还有块石头，上面写着天罡地煞108人的名单，第一个就是宋江。于是大家冲着宋江便拜，一起哄，宋江就变成一把手，成了真大哥了。

当时大家为什么突然就服气了呢？原来这一塌，大家认为这是天意。轰的一声冒出了块石头，上面都写清楚了谁是第一第二，那宋江显然就是"君权神授"了，所以不得不拜。**江湖上的座次是这样排的。**

除了排位，一把手怎么换？可以去看《黑社会》，专门讲类似宋江坐上一把手以后，怎么换一把手的故事。

江湖上很多规则都是潜规则。 其中有两句话特别重要，第一句话就是，最可靠的就是最危险的，所以大哥一定要提防身边最可靠的人。第二句话就是，要想当大哥，杀了大哥便是大哥。什么意思呢？就是说，当大哥没有熬年头、熬资历这么一说。你只有把大哥办了，你才能够熬出头，成为真大哥。

  我们当时在研究如何打破僵局的时候，发现了江湖上的规则。但是这些规则都太玄乎，也挺吓人，而且最后还是落在一个僵局里。于是我们又去找书看，就找到了《民国时期的土匪》。这本书里讲了很多民国时期土匪的游戏规则，特别是东北的土匪。我们就把这些规则和水浒的游戏规则拿来对照着看，脑洞有所开，心里有所明，脚下有所方向。

  《水浒传》里找不到细节的地方，《民国时期的土匪》里面讲了很多，**比如分工、激励和预期管理，特别是预期管理。**后来我又看了一部香港电影叫《跛豪》，其中关于预期管理给我的印象是最深刻的。

  我们后来总是说，无论是《水浒传》，还是其他江湖上的组织，或者是香港电影里的故事，只是在一个细节上破局，找到了一点办法，从总体来说还是无规矩可循。

  这也就解释了，为什么中国的江湖组织、土匪组织、农民起义组织，发展的时间都非常短，过不了几十年，过不了两代三代人，一定垮掉。原因就是刚才讲的，**只有小规则而没有大规则，没有解决僵局的游戏规则。**缺乏长期稳定的机制，江湖组织就长不了。

  所以，**民营经济在早期野蛮生长的时候，"拷贝"了很多江**

湖组织，这样做的企业最后都没有成功。即使到今天，在海南那个时候的一些江湖恩怨，还一直延续。

而我们六个人创办的公司之所以能够活下来，很大程度上就是因为我们意识到这个问题，我们一直在寻找打破僵局的方法。怎么能够尽快地把江湖组织变成公司？怎么样让大哥变成董事长，兄弟变成股东？怎么样找到退出机制和激励机制？如果这些东西我们没有弄清楚，没有改变，没有把问题解决好，那我们仍然跟其他江湖组织一样，公司早就崩溃了。

一次偶然的机会，我明白了怎么样用商人规则来解决江湖中生意人之间的矛盾。

1993年，我去美国见了周其仁。我非常急切地跟他谈我们在生意过程中遇到的困难，其中一件事就是这个僵局。他就乐了，说这很简单。**在美国，所有的生意在一开始就要说结束，结婚也要说离婚，也就是说，得有一个僵局规则。**我问他，什么叫僵局规则？

他说，当你们合不到一起的时候，有人要走，有人要留，那就要有一个出价规则。你出一股多少钱，卖给对方。如果对方不买，那反过来，同样的价钱你买他，最后他走你留，这就叫出价规则。

我问这么简单吗？他说就是这么简单，谈价钱不要吵架，谈价钱就好。

后来我们六个人之间有分歧，讨论谁去谁留的时候，大体上就是按这样一个规则，留的人出钱把走的人的股份买下来，走的人拿钱去开拓新的事业，这样大家也就没有矛盾了。"以江湖方式进入，以商人方式退出"，僵局就变成和局，最后变成顺局，变成发展之局。

所以，僵局规则考验人生智慧。**在中国的文化当中，我们吃饭也好，聊天也好，其实更多的是和局的游戏规则。**比如说，一有矛盾，大家不是先从最坏的方向出发，而是都往好里说，拉到一块先吃一顿，喝一顿，然后就你好我好他也好。实际上，这往往是在破坏规则。总是谈一件事能不能变通，如何变通，把不能办的事一定给办了，这就是我们通常习惯的和局规则。

而在西方，他们是从最坏的地方出发，甚至把所有的僵局都要写在纸上，律师参与进来谈一个协议，谈来谈去都是在说你俩万一掰了怎么办？如果掰的情况一二三四，那就有针对性地一二三四解决问题。

拿费用做个比较。我们在美国的公司，没什么招待费，全是律师费，律师费在所有费用里的占比与国内公司的招待费占比，也就是吃喝占比居然差不多。**在美国，是从坏事和僵局开始谈起，最后达到一个和局。而我们是从吃饭以及和局开始谈起，最后弄不好掰了以后，还得互相埋怨走入僵局。**

弄清楚这些情况，实际上对我们后来的内部合作，或者外部的战略合作，都有很大的指导意义，化解了很多潜在的矛盾。

比如说我们当时跟泰达合作，那是一个混合经济的合作。我们引入泰达成为万通的第二大股东，而泰达是天津最大的国企。因为我们对僵局和僵局规则的认识，所以我们事先在讨论投资协议的时候，就特别讨论了僵局规则。

这里的僵局规则是什么呢？我们说所有的重大决策，在股东层面要3/4以上的人同意，实际上也就是说，必须双方都得同意。在董事会也类似，重大的董事会事项，必须超过2/3的人同意。那我们怎样防止出现僵局，以免影响业务的开拓和发展呢？我们就确定了一条规则，**即如果出现僵局，任何一方都可以先举手说"这一次你必须听我的"。但是如果说了这话，那就意味着下一次再出现僵局，一定要由对方来做决定。**也就是说，谁只要开头嘴硬，说你必须听我的，那下一回就只能听对方的。

这个规则很公平。你自己来权衡事情的大小，是不是非要坚持，而且由于你不知道下一件事是什么，不知道它对你有利还是不利，所以你在权衡的时候，也很难冒险做决策。

这逼着我们每次都商量，从来没有用过这套规则。所以，一条僵局规则，避免了我们的僵局，也使我们尽可能地朝着和局的方向前进。我们后来跟泰达合作的几年，不仅在经济、利益、企业发展上都有了收获，有了收益和成长，我们之间相处得也非常和谐。不管是进入、退出，都能按商业的规则来解决这些问题。**一切都在原来的预计之中，所以很愉快，也很顺利。**

事实上，在商业活动当中不怕有矛盾，怕就怕没规则、没有预期解决方案的矛盾。有了矛盾，不知道该怎么解决，又没有规则，这事儿就很难办。**相反，只要是对某一种矛盾有预设的解决规则，也知道从哪个方面去找到解决它的规则，这些矛盾就不算什么事。**

总体来看，解决僵局的方法其实也就三条。

第一条，大家必须遵守一个第三方制定的规则，而不能用单方面的规则取代第三方的规则。不是说你是大哥，我就听你的，而是咱俩都得听第三方的，听法律法规的。

第二条，就是矛盾双方出牌的套路不能偏离这套规则。比如说俩人闹矛盾了，是协商谈价钱，那大家好好地谈价钱。你不谈价钱你玩绑架杀人，那你就没有按第三方法律的规则办，这就不是解决僵局，而是跳到死局里面了，矛盾根本没办法解决。

第三条，有矛盾不怕，透明解决。不能把矛盾放在一个不透明的状态下，谁也不知道，就私下里俩人讨价还价、死掐，这事儿会越掐越乱。一旦放在透明的条件下，由律师去解决矛盾，或者是仲裁、打官司，都是解决僵局的方法。

因此在一个组织当中，特别是创业者新创办的组织里，一定要明确，我们不能仅是心里怀抱着一个美好的愿望，希望大家好好合作发展事业，希望有一个和局，而忽略了潜在的僵局。**应该注意到可能的僵局，以及找到可处理僵局的规则，把握解决僵局的方法，才能让组织有序地成长，业务健康发展。**

04

时间效应：时间如何让人变得伟大

巴菲特是这个时代大家公认的最会投资的人，很多人都总结过他的投资模式。一是他不会冒险进入不了解的领域，二是他更喜欢长期持有。巴菲特的老搭档查理·芒格曾说过，巴菲特像一个学习机器，每天如饥似渴地阅读和学习，时间久了就会了解很多行业，而他所做的投资，也往往因为长期持有而利润翻番。

可见，时间是巴菲特的重要武器，它是可以改变一件事的性质的。

上学的时候我们都会被要求背诵唐诗宋词。提起唐诗，就不得不提诗仙李白和诗圣杜甫。现在我们认为李白和杜甫是不分高下的，但是在唐代，这两位在世的时候，李白在诗坛的地位远远高于杜甫，而杜甫只是李白的一个小粉丝，在人才济济的唐朝不太起眼。那是什么让杜甫的名气节节攀升,最后成为能和李白齐名的大文豪呢?简单地说就是时间。

李白成名没花太多时间,他的人和诗体现的都是典型的盛唐气象,一写出来气势磅礴,就像李白喜欢用剑一样,一下就刺进人心。但杜甫不是,他出身官宦世家,读的是儒家经典,兢兢业业、忧国忧民,是大唐王朝尽职尽责的螺丝钉,所以他的作品在唐朝不那么流行,人们对他的印象也一直是个根红苗正的公务员而已。直到宋朝有人重修唐代历史,写成《新唐书》,才把杜甫的地位一提再提。

从杜甫去世到《新唐书》写成,中间有漫长的290年的时间,中国经历了唐末五代之乱,又重新回到大一统,盛唐气象不在了,宋朝的人更多的是乱世的情感记忆,这才能深层次地体会到杜甫"国破山河在,城春草木深"的情感,也更能体会杜甫诗歌里表达的内容。

虽然杜甫生前已经把要表达的东西都表达了,要写的诗也写完了,但后人对他的评价在漫长的时间里不断地改变、升华着。

如果杜甫的诗本来就不好,那他永远只是一颗唐朝的螺丝钉,没有人会记得他的忧国忧民。但他的诗足够好,时间就帮助他,让他的诗传播得更远,也让他自身的人格缺陷逐渐模糊,只留下"诗人"这一个单纯的属性,逐渐成为我们心中的诗圣。这就是时间的作用,大浪淘沙让伟大的人在历史的长河中逐渐发光。

所以说,如果一个人、一件事本质是好的,时间就能帮上忙。

做企业、做产品，也必须是个好企业、好产品，时间才能帮到你，才能让你的产品畅销，你个人、公司的价值才能够提升。

对于我们这些还活着、还在折腾的人来说，时间效应究竟体现在哪里？通常情况下，在我们做事情的过程中，我们体会到的不是时间，而是麻烦。如果我们解决了这些麻烦，回过头来看，我们才会发现这些事真的挺有价值。

时间的长短往往能改变事情或者人的价值。有些事情看起来非常不起眼，重复一两次也不过只是个普通动作而已。例如我端着杯子喝水，这本来是个正常行为，如果我连着喝上50个小时，那性质就变了，成了行为艺术，也许能获得几个打赏。如果我这个动作保持5000个小时，那就站这儿死了、干了，就变成了一座雕塑，没准儿多少年之后挖掘出来是个文物，变成了一件艺术品，可以在拍卖会上变现。这么说可能比较抽象，谁也不会为了打赏去坚持50个小时，也没有人非要较劲，一直喝5000个小时的水把自己喝死。

我们每天要做的事情岂止这一件呢？阅读、工作、人际交往，可能我们每件事都在做，但往往是无意识的，没有想过要长年累月地保持一个姿势、一个标准，直到把这事做好。

据我观察，在这方面做得最好的是王石。他一旦设定某个目标，看似不经意，每天好像也没花太大劲，但由于他专注、聚焦在一件事上，每天都花点时间，最后每一件事都能在所属的领域里做到最好。除了做企业之外，比如说登山，他用十年多时间变成国家二级登山运动员，又变成国家级运动健将，最后变成登山协会副主席。之后，他又用了十多年的时间去划赛艇，每天练，然后成为亚洲赛艇协会主席，现在又在全国推动赛艇运动。专注而不是分散地使用时间，实际上是把时间集中在一条线上，让事情连续地朝一个方向积累，这样才能取得常人达不到的目标和成绩。

　　阿拉法特也是这样。他做了35年的巴解组织领导，虽然想建立一个国家没有成功，但是他得到了全世界很多国家的尊重。这35年来，他每天都为了这一个目标奋斗，不停地换地方睡觉，哪怕是睡觉都要睁着眼睛，因为这是最安全的办法。正因为这样，他是靠时间熬过来，熬了35年，躲过了无数次暗杀。最后变成一个无可取代的领导者。

　　当你要做一件事的时候，如果你希望它变得伟大，不用刻意去选择惊天动地的事情，你首先应当考虑的是你准备花多长时间。如果你只想花一年的时间，那你绝对不可能把它做成特别牛的事。如果你敢在一件事情上赌20年、50年，甚至赌一辈子，那你一定会成为这个领域的佼佼者。

　　在长时间的努力和坚持中，你可能遇到困难，这是正常的。解决困难的一个核心就是你对未来抱有信心，同时用一切方法去解决眼下的困难，这就叫熬。"熬"是你战胜所有对手最重要的原因，你能熬得住，平凡的机会也会变得伟大。如果你放弃，那一切就成为一个泡影，你的离场等于失去了机会。你不想熬，就变成一个逃兵；舍不得熬，你离机会也就越来越远。

想必大家已经体会到了，时间是可以改变一件事的价值的。所以，我们如果想在人生路上用时间投资什么，并且有所收益的话，那就必须在一个方向上连续地正向积累，哪怕道路曲折也得熬到前途光明的时候。

如果你对现状满意，那你也可以用更多的时间来丰富你的业余生活和人生经历，取得一个平衡。**无论怎样，时间都是你最好的朋友。**

05

熟人成本：能通过市场解决就别用人情

在企业管理中，常遇到用人的问题。

民营企业通常喜欢用熟人，认为熟人好办事，熟人可靠。可是在咱们这个人情社会，做事要讲情面、要顾面子。一个企业里面的熟人越来越多，管理上的效率是提高了，还是降低了？管理当中的成本究竟是提高了，还是降低了？

我算过账。在市场经济下，如果是初创公司，也就是三五个人、七八个人的时候，企业用熟人，可能会降低成本，带来更多的动力和收益。如果企业规模越来越大，达到了几十、上百人以后，**熟人多了，通常并不会给企业带来更多的利益。相反，可能因为管理的成本越来越高，人际关系越来越复杂，导致收入不增反降。**

这是我从生活中得到的一个体验，也由此收获了关于公司熟人成本的一个观察。

举一个例子，如果你开车，哪天违规闯红灯了，被警察拦住。你一抬头，看那个警察是个熟人，你会说："您怎么在这儿？"对方看见你猛一愣，说："怎么着，出事了，闯红灯了吧？"你马上就会说："对不起，刚才没看见，打了个盹儿。"对方一看老哥们儿了，说："行，没事了，注意点，走吧。"这时候你会怎么想呢？你会觉得自己特别有面子。为什么？因为别人闯红灯会被警察拦着罚款，而且挨训，而这个警察给足你面子，你觉得自己又有了面又省了钱。所以心里头窃喜，然后甩一句话说："改天一块儿吃个饭。"他说"行"，于是你就走了。

第二次，当你路过这儿的时候不是闯红灯，而是拐错弯了。一看又是这哥们儿，这回不用道歉了，你会直说："又是您当班。"对方说："最近买卖不错，要请客。"你说："行，改日喝酒。"一想又省了两百块钱，面子大了去了，但因为觉得麻烦人家两次了，都被拦住了又放，你会找理由请他吃个饭，然后把这人情给还了。跟警察哥们儿一吃一喝一高兴，花费一定不少于四百块钱，而中国人喝酒时要敬酒、要吹捧，互相感觉都好得不得了。

俩人的关系由熟人变成亲密熟人，甚至是家人那种，那就更有面子了。于是吃完饭后你又多问了一句："最近弟妹忙什么呢？"对方说："你这弟妹不争气，一天在家没啥事干，找工作又特别难，要不上你那儿给找个活儿，能开点钱就开点钱，别让她在家闲着就行。"你说："没问题。"哥们儿的事儿，答应了就是给他面子，于是他又敬你一杯，然后就散了。

过两天，这弟妹真的要来上班了，怎么开工资呢？按照当下的标准，工资可不能太低，这月月都开工资，还要买保险，加上其他杂项支出，每月总得有个好几千，你一样都少不了。

上班三个月之后，警察兄弟打电话来了，说："大哥，你那公司咋管得那么乱，媳妇回家天天跟我说自己被欺负。你得好好管管你那手下，她不就是没上大学嘛！没上大学也是人。"

第二天你上班了，被迫变着法儿让人都知道她老公是你的哥们儿。这时你可能已经不开车了，也不可能违章了。同时你也对这位警察媳妇老是回家说这事，叨叨叨有点烦，于是就对警察说："弟妹在这儿干着不舒服的话干脆让她回家吧，她不用上班了，我每月给她开五千。"

这就是中国人之间的博弈，你花了钱，一年搭进去好几万，还不好意思停这工资，最后钱是花出去了，早晚也得罪了哥们儿。如果当初警察一上来，你就乖乖给二百，让他扣分，你这一天虽然有点不爽、不快乐，责备自己不留神，但以后一定会小心驾驶。从此你就变成好公民，尽量不违规、不被罚款。

这当然是一个虚构的故事，警察也不会违规放行。但你想想，让这熟人关系回到生人关系，是不是很划算？熟人往往能满足你片刻的虚荣心，但会导致你不必要的交往，花了时间、精力，又导致你过度的成本支出。

很多故事都证明，熟人的关系是超越甚至破坏制度的。**熟人关系就是有选择地超越规则，熟人之间有亲疏、利害之别，亲密的、利害大的关系，超越制度就多一点；疏远的一般关系，超越制度就少一点。熟人越多的地方，越没法遵守制度，结果只能任由习惯和传统文化来支配。** 比如乡村，主要是靠熟人、人情、情感、面子等来支持社会的游戏规则。全部都是熟人、面子关系，最后是潜规则、习惯、风俗占上风。

所以，民营企业如果熟人越来越多，那么制度成本就高。因为制度被破坏的次数多，而且其他人也会有样学样，使制度形同虚设。

我曾经让我们的监事会专门对公司内部的制度执行情况做一个定量研究，研究哪些制度被执行，哪些制度没被执行。后来发现，执行得最不好的就是报销制度，大概只执行了40%，因为报销是一级一级地签字，熟人给熟人签，很少有人认真核查每一张票，且越是熟人，越不好说不签。

而执行最好的是投资制度。因为投资是董事会的事，董事会有独立董事，还有其他不怎么见面的生人，跟经理平时没什么交往，所以关于投资的事，只要在董事会讨论，得到批准不容易，但执行率都是百分之百。

这几乎成为一个规律。熟人多的地方、熟人多的公司，执行力度一定就不好。所以万通很早就提出了"生人原则",要建立生人文化。也就是说,公司不主张用熟人,都用生人,公司的制度执行比原来好很多。

我们现在大多通过猎头公司和网上招聘,熟人文化已经淡了,这在民营企业当中是不容易的事。如果我们最终能够所有人都按生人规则来运行,公司一定就会变成制度执行有力、执行效率高、公司效益更好的一个企业。

除此之外,我们还提出了一个担保制度,也就是说,可以推荐熟人,但是你就得对这个人做担保。如果被推荐的这个人犯了错误,给公司造成损失,那你作为担保人,也要扣你的奖金,甚至要连坐。

从公司整体来看,实行担保制度以后,制度执行比原来又好很多,而且多数人也懒得推荐熟人,免得给自己惹麻烦,这样一来,公司就能够比较客观地来选人、用人。

很多民营企业长期不注意这一点,尤其是家族企业,熟人介入最大,企业规则最难建立。比如儿子犯了错误你能把他炒了吗?儿媳妇做出纳把钱点错了你能扣她奖金吗?所以你的规则就虚设了,家族成员在公司内部全部超越规则,却要求剩下的人都按规章制度办事,那怎么能有凝聚力呢?在这方面,我觉得熟人本身超越规则,就会对公司制度形成很大破坏。

熟人在一对一博弈当中也是成本巨大的。**这种隐含在面子下**

的成本其实很危险，而人们往往浑然不知。事实上，当你算清楚之后会发现，生人比熟人更有利于公司的发展，更有利于公司制度化，更有利于控制组织当中的成本，提高组织效率。

06

孙子心态：挣钱要善于低头求人

李嘉诚在创业的时候，很多人都比他有钱，后来，那些人走着走着，在财富榜上就落到了他后边，甚至不见了。但李嘉诚创业成功，且很长时间都是华人首富。因为在香港，人们的衣食住行、生活日用，都需要购买李嘉诚家族企业的产品或服务，想要完全不跟李嘉诚名下的企业发生关系，是很难的。即便已经拥有如此惊人的财富，李嘉诚平时待人还是很温和，说话和风细雨，和别人有约也习惯早到。

看到这些我就在思考，李嘉诚创业成功，除了钱之外的能力还有什么呢？想来想去，我觉得主要有四点：姿态、价值观、毅力和眼光。我主要说第一点，姿态的问题。

所谓姿态，就是在做生意的时候把姿态放低，给别人面子，

"挣钱像孙子，花钱像大爷"。通常说起"孙子"，不是一个好词。"装孙子"更是一个贬义词，用来讽刺一个人奉承别人时的嘴脸，溜须拍马装可怜。我讨厌"装孙子"，因为这是揣着明白装糊涂，出问题了就躲，既虚伪又可恨。挣钱不能靠"装孙子"，而是要学着用"孙子心态"。

所谓"孙子心态"，就是要把自己的姿态放低，给别人面子，保持一种谦恭、谦虚的态度。那什么叫给别人面子呢？陕西人的解释我觉得特别实在，也特别准确。陕西人解释面子，就是"你把人给尊重一下"。也就是说，在一个行为当中，你要抬高和尊重别人，别人才会尊重你。尊重别人的时候，手段要合情、合理、合法。像行贿，涉及违法乱纪，那可不行。

当然，吹捧人难免会说一些套话，有时候还有一些套路，最后才能够达到效果，这是人与人交往中非常重要的流程，或者说一个戏份。可能你会觉得这有点为达目的不择手段。当然换个角度，大家就能明白这么做的必要性了。

比如我们出去买衣服、吃饭，如果两家店的衣服和饭差不多，其中一家的服务员爱搭不理，另外一家的服务员热情周到，你会选择哪家呢？餐饮业的传奇企业海底捞，一年净利润十几个亿，天天门口排大队。除了口味，海底捞的撒手锏就是超级服务。

同样，做生意的时候，人们难道就不希望别人给自己面子？不希望自己被尊重？如果过程愉快，人们当然就愿意掏钱。

面子这个东西，在我们生活中就像货币一样流转着。当我们创业、挣钱的时候，保持"孙子心态"，主动、自发地给合作者或客户面子，就像一场球赛，我们先发了球，那么当然对方就得回过来，他也一样要善待你。拿什么善待？当然是要用钱来买你的服务和产品。

我给你面子，你给我面子，然后我们又把面子再给他，面子传来传去，人和人之间的关系就润滑了。所以面子不仅是一对一时的一种礼物、一种流程、一种戏份，同时也可以转让，甚至是可以继承的。我们会看到，因为老子给了面子，所以我们对他的孩子同样给予尊重，等于这个孩子就继承了老子的面子，这是中国人之间一个非常有意思的交往方式。

大家可能会有些疑惑，在服务业之外，在创业挣钱的时候，如果遇到攻击性比较强的一些人，他不玩面子那一套，那你保持"孙子心态"还有意义吗？那么回到我刚才的解释，"孙子心态"就是谦虚、谦恭，最直接的效果就是营造一种和气的氛围，归根到底，是对自我心态的校正和管理。

刚开始做生意的时候，"孙子心态"意味着要把对方看得很重，不管业务是大是小，要把这个单子做好，这就是生意人的本分。不积跬步无以至千里，不积小流无以成江海，在每一笔生意面前，我们都应该把它当成最重要的一部分事业。

再说一个李嘉诚的故事。他年轻的时候，曾经在一家茶楼里当店员，每天第一个到，最后一个离开，别人只做分内八小时的事，他却愿意做到十几个小时。在其他人眼里，茶楼是老板的生意，给多少钱，出多少力。可李嘉诚把这份工作看得非常重，哪怕只是端茶递水擦桌子的小伙计，他也兢兢业业，全心投入。时间一长，李嘉诚顺理成章地升了职。别人都把这份工作当成替老板打工，斤斤计较，生怕自己多付出，但李嘉诚不这样，就像自己在和老板一起做生意，把自己放在老板的位置上，尊重这份生意，尊重老板。用一种"孙子心态"，让自己先付出，先投入，之后升职加薪，那是老板给他的正常回馈。

在创业稍有成就的时候，"孙子心态"让我们始终保持战战兢兢、如履薄冰的心态，不是一旦达成一两个小目标，就认为自己登上了人生巅峰，而是要刻意让自己处在低处，同时往高处看，去琢磨更宽广的未来。

我在做生意初期也遇到过类似的问题。那个时候，万通在很多地方都开了分公司，在哪儿都有饭吃，呼朋唤友，感觉特别好。公司一周年的时候，我们面临两个选择：要么继续大吃大喝，和平常一样，开开心心地庆贺一下，要么大家一起坐下来规划一下未来的蓝图，探讨第二个、第三个，乃至第二十个生日怎么过。

我很庆幸我们当时做了第二个选择，从此万通就把创办公司的纪念日改为反省日。而反省就意味着谦恭、谦卑，保持一种"孙子心态"。

在反省日，我们都会把过去一年的成与败、得与失摆出来，一五一十说清楚。在反省会上，大家有时探讨得很激烈，也很不好过。因为每件事你都说得很直白，当一群同事批评你且不留情面的时候，你怎样积极地看待这件事？这个时候，"孙子心态"的作用又体现出来了。不管我们做成了多少事，我们仍然把自己当成刚创业时一无所有的愣头青，不怕丢面子，也不畏惧直面问题，而是一刀一刀剖开，想办法解决，再想办法缝合这些裂痕，最终走向下一次进步。

保持"孙子心态"是提醒我们自己要自警、自省，不断进步。

总而言之，当我们想创业、想挣钱的时候，先要把自己的心态调整好。"孙子心态"不是怯弱，而是代表了专业和勇气。想要从挣钱到花钱，就得经历从孙子到大爷的过程。**先把自己压缩到零，才会获得成长为一、十、百、千、万的能力。**

07

大哥姿势：领导者指道、扛事、埋单

时常有创业的年轻人问我："冯叔，为什么我的团队总是不稳定？我给的待遇也挺好，可怎么招进来的人，我很看好的，没多久他们就走了？我还没有那些混日子的大哥有凝聚力？这是怎么回事儿？我应该怎样提高自己的领导力呢？"

我就跟他们说，**好的领导首先在于管理自己，而不在于领导别人，特别是不能埋怨别人**。如果一个人总是在埋怨别人，总是觉得自己应该领导别人，发话别人就得听，怎么着都是别人的错，是没法做一个好的领导者的。

我给大家举个例子。王石经常出去爬山，一会儿爬这个峰，一会儿又去了南极、北极，他大概用了不到五年时间，就把七大洲最高的峰都爬完了。加上南极点和北极点，很快就完成了7+2的极限

挑战。他是怎么做到的呢？我在跟他爬山的时候发现，他和我们这些"业余选手"相比，最大的区别就在于他能管理自己。比如说，在山上应该下午五点睡觉，聊得高兴了，有些人八点才睡，那第二天肯定就爬不了了，兴奋过度，睡眠太少。而王石，说几点进帐篷，他就几点进帐篷。

有一次，就是在爬珠峰的过程当中，爬到七千多米的时候，不管外面人怎么吵，说这儿风景好让他出来拍照，他就是不出帐篷。因为在这么高的一个海拔，每动一次，能量损耗就非常大，为了确保登顶，他一定要管住自己。也就是说，为了一个确定的目标，一定要牺牲掉自己的一些临时冲动或者好奇心，约束住自己，管好自己。

当时跟他一块儿的还有另一个朋友大刘。大刘属于兴奋型的，直播登珠峰，八千米以下的时候，都是大刘对着镜头兴奋，结果因为太放纵了没管好自己，到八千米的时候就没劲儿了，只好放弃了登顶。

王石能以一个业余运动员的身份登顶珠峰，管理自己的能力是非常重要的。而且他每次都认真地去做爬山的准备工作，比如说，要涂两层防晒霜，他一定涂两层，而且涂得特别厚，为了保持能量，再难吃的食物他都能往下咽，而我们有时候宁愿饿着也不怎么愿意吃。

这种自我约束还表现在他的生活细节上，比如说原则性。

有一次，我们在成都的小摊上吃夜宵，要喝冰镇的啤酒。小姑娘说有冰镇的，可是半天又拿不出来，拿出来的也不是冰的，是常温的。王石马上就严肃了，很正经地跟她说："你说啤酒是冰的，如果没有，你应该告诉我。如果你只是把我们哄坐下来，你这是骗我们，我不吃这饭了。"说完拍屁股就走。大家说："都坐下了，就这么着吧。"王石板着脸说："那不行，你们要吃就吃，我走。"

王石对自己非常负责任，时时管理自己。普通人这样也行，那样也行，而王石是说一不二，原则性非常强。所以万科能够在他的带领下，管理得非常好。

管理自己其实就是一种自律，为达到一个目标，顽强地约束自己，把有限的资源聚焦在一个点，同时让组织能够跟着自己，一起朝这个方向去行动。很多领导者之所以失败，就是因为放纵了自己的欲望。

王石坚持原则、管理自己的欲望到什么程度呢？我听他讲过一件事。曾经有一个跟他一起做生意的朋友，在北京拿了一个批文，然后非得让王石去做这个贸易，但王石之前已经决定，公司不做这种业务了。那个人就使劲儿求，最后居然都跪下了，但王石仍然坚决不做，后来这个人因此跟他翻脸了。

过去，我们总以为伟大就是领导别人，这其实是错的。当你不能管理自己的时候，你便失去了领导别人的资格和能力，也就是说，你的正当性就没有了。

当一个人走向伟大的时候，千万先把自己管理好，管理好自己的金钱，管理好周边的人脉，管理好社会关系，也管理好自己的日常行为。**当你管理好自己，能自律、能守法，有愿景、有目标，那么很多美德也就随之而来，一定也会有人跟随你。**有人跟随，组织的力量就变大了。当你有了这样一种管理自己的能力，你才能取得当领导的资格，并且成为组织中最好的一员。大家信任你，就敢把命运寄托在你身上，跟随你、支持你。等大家都信任你，愿意接受你领导之后，你才真正能成为一个合格的领导。

这件事我们也可以换一个角度说，做领导有三件事最重要。

第一，你给大家一个方向感。你往那儿一坐，你告诉大家未来在哪儿、我们要去哪儿，大家立即心明眼亮，并且信服，愿跟着你走，这叫"指方向"，或者叫"指道"。

第二，"扛事"，实际上就是执行力，能把所有的难题一一化解。你得有力量带着大家解决难题，克服困难，扎扎实实往前走，这就叫"扛事"。无事不惹事，有事不怕事，这就是当领导要扛事儿。

第三，要埋单，埋单就意味着牺牲，牺牲就是负责任。万一失败了公司要赔钱，赔得倾家荡产，那你当领导，当大哥，就一定要兜底，全部埋单。

指道、扛事、埋单，这就是当领导必须做好的三件事。没有这个决心，你就当不好领导者。当大哥还要埋一切的单，哪怕公司破产了，债务要清偿，也要一直埋单，直到耗尽最后一分钱。没有牺牲精神、兜底埋单的精神，没有承担风险的能力，就干不了企业家这活儿，就当不了好领导。这就是为什么现在很多创业者半道都绕回来了，因为太可怕了，他觉得太辛苦，最后还要埋单，太委屈，所以就不干了。

一般的创业者，三五年就垮掉了，垮掉的人多数也就放弃了或者后悔了，这就不是一个好领导。我们公司也有员工出去创业，然后没有赚着钱，到家里跟老婆要钱，说公司要清盘，还有员工没有发工资，怕员工来闹，不仅要正常的工资、五险，还要赔偿。这时候老婆就不干了，甚至说要离婚。然后这个员工没有办法就出来借钱，可是借了一圈，多数人也没有借给他什么钱，他很绝望，就想把房子卖了把钱还上，可是老婆更急了，说你敢卖，我们马上散，最后没办法，这个人就转弯回去当老赖。手下的人，补偿、工资就没有给，一直拖着，虽然就三五个人，但是不时有人跟他闹或者提出仲裁这些事儿，最后搞得很难堪。

后来有一次我碰着他，我就跟他聊这事儿。他说："董事长，我忘了创业还有最终埋单这个说法，我光知道创业好像很牛，我根本不知道破产、失败了，当领导要埋这么多单，而且所有单都要埋，还逼着我差点儿离了婚。"

所以说，企业家是一个为别人的需求去追求梦想、不断满足市场需求的责任承担者。一个创业者如果想变成企业家、好的领导者，就得是一个风险承担者，也是最后兜底的埋单者。

创业这件事不容易，也正因为这样，企业家精神才弥足珍贵，值得大家去尊重。

08

合伙人困境：如何处理能共苦不能同甘

在创业的过程中，"合伙人"是躲不过去的一个词。**随着各种有关公司法律的完善，合伙人制度是创业公司非常重要的支持和保障。**

在1993年中国颁布《中华人民共和国公司法》之前，大家完全没有合伙的概念，有的只是一起折腾的愿望、一起奋斗的雄心，还有一些打拼的激情。但是在利益、困难、纠纷面前，这些激情就像鸡蛋碰上了石头，碎了一地。

大概是在十几年前的一个早上，天还没有亮，我就接到一个非常急的电话，电话那头说："冯哥不好了，出事儿了。"

我："什么事儿？"

对方："我们大哥昨天后半夜被人抢走了。"

我:"什么人?"

对方:"都是穿制服的人,现在我们大哥人也不知道去哪儿了,到处找不着。"

我:"给他打电话了吗?"

对方:"去他家了,看过了,他的电话在桌上没拿走。"

我:"开车了吗?"

对方:"车还在,但人不在了,车门都没关。"

我:"那能到哪儿去呢?你们赶紧找一下,看是什么人带走的,然后再给我打电话。"

大概又过了个把钟头,天边已经露出了鱼肚白,电话又响了。对方说,冯哥查到了,是被某市的一个公安带走了。于是,我们就开始四处打电话找人,终于通过朋友找到了一个铁路乘警,在火车上找到了这个大哥,我们暂且称他为N大哥。我们托人在火车站守着,看着公安把人带下来,然后又带到哪儿去,关到哪儿,办了什么手续,全部弄清楚。

天一亮,我就和另外两个朋友直接扑到了这个城市,找到相关的主管领导,告诉他们这纯属个人恩怨,并不涉及真正的违法犯罪,希望有关部门能够在走完程序之后,尽快把人放了。在那位领导面前,我把N先生和H先生的故事讲了一遍。他们当时如何满怀激情从体制内出来,如何一起创办公司,在遇到困难和利益分配的时候又如何起了争执,几年间俩人又如何互不相让,以至于最后大打出手，在江湖上形成了一次次的恩怨风波。

领导了解这些情况后，就让相关部门做了调查，确认这件事情不涉及经济犯罪之后，就把N先生放出来了。

出来的时候，我问他："怎么回事儿？你们打架，打到这儿了还没打完？"

N先生："这事肯定没完，今儿他把我给整了，我这剩下的半辈子都得跟他去闹，绝不能放过他。"

我："不能再折腾了，你们见面谈一谈，公司已经垮了，钱的事总能算清楚的，大家就此了断恩怨吧。"

N先生："不行，我先歇一下，另外找日子再跟你聊。"于是他回到了西部那个城市。

无独有偶，大概过了半个月时间，我在一家咖啡厅约人谈事，起身要离开的时候，突然被叫住了。

我一看，正是H先生。我立马儿想起之前的那件事，正想问他跟N先生的过节儿现在发展到什么程度了，是不是就这样算了，没想到他先开口了："你管闲事干什么？我这辈子就干一件事，就是非把他弄进去不可。这是我俩的事，你别再管了。"

我："你们都已经折腾七八年了，能不能大家坐下来谈谈，把账算清楚？如果没法在一起做事，那就各做各的，也不枉当时一段激情岁月。大家留一个好的念想。"

H先生红着脸，梗着脖子，坚决不同意。后来我就没有再看到过H先生，只是听说他为了找到N先生花了很多精力和钱财，公司也顾不上办了，家庭也不管了，就是要把N先生置之死地而后快，但也把自己折腾得够呛，几乎倾家荡产。

　　又过了不久，我去了N先生所在的那个西部城市，N先生比原先谨慎了很多，情况也比H先生好很多。他的产业还是做得很大，有房地产、金融等等。有一次，他带我去看了他的一个大型房地产项目之后，一边吃夜宵一边聊天。

　　我："你跟H先生的纠纷什么时候才能了结呢？最好你们能面对面再谈一下，或者通过中间人调停一下。"

　　N先生："我是想跟他好好谈来着，但是他就像走火入魔一样，对我不依不饶，已经把我弄进去两回了，搞得现在我也恨不得把他弄进去。但是我比他要稍微冷静一点，所以我只是躲在这儿而已。"

　　我："你在这儿这么高调、张扬，这哪儿叫躲啊？这不是招人、招事、招祸吗？"

　　N先生："你说得也有道理，我琢磨琢磨。"

　　一晃又过去了好多年，我跟N先生也逐渐失去了联系，等有机会再去那个城市的时候，我便托人打听他的消息，想知道他怎么样了。朋友告诉我，他现在真的躲起来了，电话也换了，跟以前的人都不联系了。

我："那能躲到哪儿去呢？大楼、夜总会、餐厅，那么多场子还在，人就消失了吗？"

朋友："真的消失了，这些东西他早就卖了。"

我："他总得喘气，总得见朋友，火葬场没记录？公安局没记录？"

朋友："不好意思，冯哥，这次真的找不着了。"

后来H先生那边的消息也渐渐少了，他们的故事似乎就结束了。有一天，我偶然在北京碰到了N先生的一个朋友，于是就问N先生现在的下落。他告诉我N先生现在可牛了，为了躲H先生，N先生卖光了产业，拿着钱云游四方去了。结果因祸得福，因此收藏了很多重要的古董，这些东西可比房地产都值钱，现在应该已经很逍遥地享受着他的自由，同时很安全地拥有他的财富，只是和过去的老朋友都不联系了，没人知道他在哪儿。正因为断了联系，才断了他原来的那些是非。

这时候我终于明白了，原来"躲"的学问在于了断是非，就是把自己和原来的社会关系明确地切割开来，从过去的是非链中逃出来，去一个新的环境，开始另一种人生。

很多人之所以躲不开，是因为没有了断是非，心里还有旧人，偶尔回头看了一眼，结果就被捂死在里边。类似的事在民国第一杀手王亚樵身上也发生过。他在躲避追杀的时候，因为放不下心上人，去和相好的女子会面，结果被戴笠抓住机会杀死了。

N先生深知躲之三昧，这一躲就是十几年，俩人的恩怨也应该烟消云散了吧。

N先生的结局虽然很不错，但这样一个拆伙的故事，其实是民营企业创业和发展中的一种悲剧。

我们设想，如果能有一个很好的法律环境，那么当创业伙伴产生分歧的时候，就能够在法律给出的游戏规则下，心平气和地分手，理性地分家，而且还能各自去寻找新的天地，N先生和H先生的故事就可以不再重演。这样一来，拆伙就不是死而是生，不是停滞而是进步，不是一种令人窒息的负能量，而是成指数倍增加的机会，是创业过程中一股积极的力量。

除了好的法律环境，好的拆伙也需要创业伙伴走出野蛮生长时期的局限，摆脱江湖规则的窠臼，具体来说就是我之前提到的"僵局规则"，用商人规则来解决生意人之间的矛盾，以江湖方式进入，商人方式退出，按照出价规则谈好价钱，把僵局变成和局，变成顺局，变成发展之局。

合伙人之间当然还会有很多具体的游戏规则，除了我们自己的性格、愿望以外，我们更应该遵守《中华人民共和国公司法》《中华人民共和国合伙企业法》给我们约定的一整套游戏规则。同时加进我们的智慧，在股权的表决、财富的分配、合伙人的退出和加入、新增合伙人的权利表决等，这样一些相对技术性的方面也要做好，而且要履行必要的法律手续，才能确保合伙人之间合则两利，散则两全。

09

辛德勒悖论：最后帮你的通常不是所谓的"好人"

有时候，最终能帮到你甚至挽救你命运的人，并不是通常意义上的"好人"。也就是说，当一个人身上出现激烈冲突，甚至是完全相反的两种道德、行为的时候，就出现了我说的辛德勒悖论。好人是好人吗？坏人是坏人吗？好人怎么又是坏人？坏人怎么又是好人？

几年前我去了一趟波兰，由于《辛德勒的名单》这部电影广为流传，所以我一直有个想法，要去看一下辛德勒的工厂。

在电影里，当年德国占领波兰，进驻克拉科夫之后，辛德勒掠夺了当地一家搪瓷厂，请了一个犹太人会计来帮忙做账，逼迫犹太人出钱投资，同时又招了很多犹太人来生产脸盆、饭盒之类的东西。搪瓷厂的生产环境很嘈杂，气温非常高，这些犹太工人相当于辛德勒的奴隶，每天超负荷地工作，又没有多少工钱。这就大大降低了生产的成本。然后辛德勒把这些低成本制造的东西，高价卖给战时的德军，赚了很多钱。辛德勒最大的能力或者说才华，其实就是搞定人。他通过行贿搞定党卫军、纳粹，以及当地一些有势力的人，把各方面都打点得非常好，所以工厂也办得顺风顺水。

就在这个时候，德军采取了一个非常措施，把克拉科夫当时95%的犹太人都关进了隔离区。德军不仅掠夺他们的财物，还对他们进行屠杀，最后还把他们的圆形墓碑作为隔离区的墙，以此来羞辱他们。

这个隔离区离辛德勒的工厂只有几百米，所以辛德勒慢慢发现，犹太人不仅在隔离区中被滥杀，还有一批一批的犹太人被拉到不远处的奥斯维辛集中营去屠杀。德军持续四年使用工业化的方法来屠杀犹太人，这种方法残酷得令人发指。他们拿走犹太人的金牙、鞋子，把他们的头发剪下来，运回德国制成麻布，作为商品售卖，最后还把他们的骨灰做成化肥，把人当成原料。

这种残暴的行为使辛德勒的人性突然复苏了。他对犹太人产生了巨大的同情，于是他做了一个决定，保护他能保护的犹太人，特别是在他工厂里边工作的犹太人。正像电影中所表现的那样，这个过程非常惊心动魄。比如说，已经有一批工厂内的犹太人被拉到了集中营里，辛德勒用大量的金钱搞定了集中营的头目和党卫军。如果再晚一步，这些人就要被送进毒气室了，辛德勒保全了他工厂中的大部分犹太人。

但是，他还想保护更多的犹太人。由于他的工厂比较小，只能容纳几百人，于是他向德军要求，工厂要扩大生产，不仅要为德军生产搪瓷用品，还要生产枪械、子弹、炮弹，申请一个特殊政策，德军可以把工厂当成一个集中营的分营，把犹太人关在里面从事生产，不让他们出去。但是任何人都不能进来，包括党卫军。而辛德勒并没有生产枪械的经验，所以他在审批通过后，做了一个假工厂，自己花钱去外边买来枪械充数，就这样，他把工厂变成了一个保护犹太人的特殊场所。

1945年苏军进攻波兰，打败了纳粹。这一天，辛德勒对工人说，从明天开始，你们就可以出去找你们的亲人了。因为我是纳粹，是战犯，而且在战争期间我还做了很多违法的事，所以我必须离开。在场所有的犹太人都非常感动，其中一些人把自己的金牙熔成一枚戒指送给了辛德勒，并用希伯来文在上面刻了一句话："救一个人就是救世界。"

战争结束后，这些犹太人专门写了一封联名信，来证明辛德勒在战争期间对他们的保护。而且，证明辛德勒保护的不仅仅是他们的生命，还有他们的尊严，这封信使辛德勒战后免于刑罚。还有很多人在战后跟他保持联系。辛德勒去世以后，就埋葬在以色列，这些犹太人的后人每年都会去他的墓前纪念他。这是电影中呈现给我们的辛德勒。

实际上，他是一个什么样的人呢？其实按照我们现在的价值观来说，他是一个极有争议的人。他的私生活不检点，还把老婆抛在异国，工作上他拿钱搞定人，靠投机倒把赚钱。战后他又故态复萌，胡吃乱嫖，把生意也搞砸了，穷困潦倒，有时候他还要靠他救过的犹太人来接济，最后就这样完结了他的一生。

辛德勒在死以前，把他这一生的档案放在一个小皮箱里。后来这个皮箱被人发现，他的故事被写成了小说，斯皮尔伯格就是根据这本小说拍成了《辛德勒的名单》。

辛德勒的工厂现在变成了一个纪念馆，是克拉科夫一个重要的历史遗存。我在那个纪念馆里待了一天，反复在想一件事：他道德有瑕疵，不择手段地敛财，同时参加过纳粹，干了很多坏事儿。他怎么就突然人性觉醒，愿意散尽自己的全部财产来保护这些犹太人的生命呢？是什么促使他突然完成了转换？

我认为，**正因为他是一个"坏"人，所以他才会产生这种转变**，而且能够想出解救这些犹太人的方法。如果是个好人，他就不会有这么多办法来解决问题。因为普通的好人是循规蹈矩的，即使觉醒了也没有这个勇气，也没有这样的能力。如果辛德勒是一个标准的纳粹党徒，平时照顾家庭，对孩子负责，对自己严格要求，百分之百地信服纳粹的主张和宣传，反而很难有这样的转变。

后来我又想到，其实我自己也碰到过这样的事情。我刚下海做生意的时候，有段时间很落魄，连一张回北京的火车票都买不起。于是我就向一个机关里的干部借钱，这个干部大家都认为他是好人，当然我也认为他是好人，以为好人一定会在这个时候帮你。遗憾的是，我见到他，他不仅不愿意借钱给我，而且还躲着我，因为在那个特定的年代，他认为我是坏人。

走投无路的我后来又碰上了另外一个人。这个人来找我，他不知道我已经落魄了。因为之前我在那个单位收到过举报信，举报这个人是坏人，而且我还查过他。所以我这个时候见到他，不太想搭理他。

但实在是因为落魄没有办法，所以就顺便提了一下，说你能不能借我点钱？结果这个人很痛快，说你明天来拿吧。第二天下午，他借给我三百块钱，我想写个借条，他说不用了，在我的坚持下，他说行，那你就写吧，以后我没饭吃的时候再找你。

后来我一直在想，为什么这个大家公认的坏人，不仅没有歧视我，而且还能帮助我？而那些所谓的标准下的好人，却会在关键的时候袖手旁观，甚至加害我？

其实做一个普通人就好，有自己独立的判断，还有一些小缺点，但这些缺点并不会妨碍他成为一个在特定环境下令人尊敬的人。辛德勒给我们的启发值得我们长久地回味，而二战期间的犹太人的历史，更是一段值得我们不断去反思的历史。

10

周期律魔咒：如何实现企业持续发展

在中国几千年的封建社会当中，曾经有这样一个规律：一次农民起义，杀了无数人，然后首领取得了政权，登上了皇位。坐稳龙椅之后，他必然会干劲儿十足、与民休息、轻徭薄赋，给社会经济发展创造很大空间。

经过几代人的努力，等社会发展到一定程度，就会出现豪强兼并、外戚专权，或者后宫祸乱，爆发继承性危机。出现危机时，一般都会有一个超级强人出现，经过一番努力，最终成为至高无上的中兴皇帝。

再经过几代人的演变，又会出现尾大不掉的局面，后宫多、子嗣多，这些人宫廷祸乱，加上社会矛盾、封疆大吏的野心，演化出新的社会动荡、战争、互相绞杀，于是又有一次新的农民起义借机冒了出来，又出现一个强者。血流成河之后，社会最终又回归于正常，而这个新的皇上，又会变成下一个太祖、高祖，重复着前朝的故事。

这种治乱兴衰的故事演变，我们通常会把它理解成一种周期律。汉朝的高祖皇帝和光武帝、唐朝的太祖和唐宪宗，以及清朝的太祖和后来中兴的皇帝，都未能脱此窠臼。某种意义上而言，中国的封建社会史就是这样一部不断循环往复的历史，这种皇朝的治乱兴衰规律，就是中国封建社会历史发展的周期律。

与封建朝廷的周期律相呼应的，江湖上其实也有一套自己的周期律，它在很多影视作品，尤其是香港的江湖片中，展示得非常清晰。无论是《纵横四海》，还是《跛豪》，又或者是《古惑仔》，一代又一代的江湖电影，讲的都是这样的主题。

老一代的大佬年岁渐长，有家眷之累，又有生计上的压力，身体也逐渐衰老，他们无法继续冲在一线，喊打喊杀，于是过起了半正常的生活，甚至退到街角一隅，喝茶、抽烟、斗嘴、打麻将，或者守着自己的小女人，过着猥琐而可怜的日子。当他们的生活慢慢安定，和那些刀光剑影渐行渐远之后，突然又遇到一些冲突或打斗，特别是面对一些更年轻的愣头小伙，比如街头的新生英雄。他们总会感叹世道变了，年轻的一代心太狠、手太辣，一点都不讲江湖道义，对老人更不尊重，全然不顾破坏了江湖秩序。

老江湖所说的江湖秩序，实际上只是对他们自己有利，因为这种秩序是他们在早年的生活环境中自己创造的规则。在他们二十多岁的时候，当他们挑起事端抄起家伙，和上一代死磕玩命抢地盘、好勇斗狠的时候，他们从来没有想过，自己正破坏着上一代人的秩序，而在那些上一代的人眼里，他们也曾是不讲道义、不守规矩的一帮混小子。

所谓的江湖游戏规则，从来都是新的战胜旧的，新的一代只有更狠才有机会出头，不光是在早期的中国，西方的黑社会和江湖其实也是这样，比如《教父》《美国往事》里所演的，新一代要想冒出来，只有比上一代更狠，他们生存发展的力量才能超过保守的力量，成为又一个时代的强者，完成代际更替，延续又一个时代的江湖。这种不断产生大哥的更替，就叫作"江湖的周期律"。

我们考察历史和江湖的规律会发现，封建王朝和江湖大哥都没有摆脱"其兴也勃焉，其亡也忽焉"的命运。无论是江湖还是朝廷，要打破这种周期律，首先需要秩序，而最有效地建立秩序的方法，就是要建立法制体系。

如果所有人都遵守一套共同的游戏规则，那么无论新一代怎样成长，都不会出现老一代的垂死悲鸣和无奈挣扎。有了法制，老一代不必披上旧时的战衣去对抗新一代的到来，新一代也不需要通过杀伐打斗、阴谋诡计去残忍地剥夺老一代的尊严，不需要用鲜血祭奠自己的权力。新一代和老一代将能和平地更替、共存、共融，互相滋养、共同成长，使社会经济能够连续不断地正向积累，不光是财富的积累，还有文明的积累、情感的积累、价值观的积累以及国民精神的积累。

当人们都生活在健全的法制社会里,这种江湖和朝廷的周期律才会失去存在的土壤,那些残忍血腥的事情才会只存在于传说中渐渐远去。

在考察封建王朝和江湖大哥的周期律时,我又想到了另外一个话题:企业有没有周期律?

最近这几年,我们常常听到一些企业家说,要把自己的公司办成百年老店。我们知道中国现在是全球创业企业最多的国家,每天都有一万多家新企业诞生,但每年又有两百多万家企业破产。新成立的企业中,超过90%的企业活不过两年,别说百年老店了,成为十年老店都不是一件容易的事。活下来的企业,如何能够活得更长久,从而避免走上"周期律魔咒"呢?

首先一点:初心要正。起步的价值观对了,最后的结局才是对的。

在创业当中,起点的信仰很重要,有很多民营企业家最终成了"两院院士",不是医院,就是法院,这是一个残酷的现实。他们30年前开始创业,最后的结局竟然是这样的。但我们不应该为此感到悲伤和丧失勇气。更重要的是寻找一个答案:要把握住哪些事情才不至于有这样的结果?

其实,只要价值观对了,就绝对能活下来。虽然不能保证你一定赚钱发财,但能保证你的安全。价值观非常简单,比如做人要诚实、善良，在任何法律模糊的地带都能守住基本的底线，遵纪守法，等等。我们曾提出要"守正出奇"，其中的守正就是90%的事尽量不变通，少数事儿偶尔变通。

坚持正确的价值观，可能会少挣很多当下的钱，但可以躲过很多的风险。比如我们之前曾经有一个合作的项目要谈，由于有和我们价值观完全对立的一些风险，于是决定不做。最后避开了很大的麻烦，对方也被绳之以法。事过之后我们都很庆幸，想想觉得坚持自己的原则是对的，否则后果不堪设想。这个故事也启发了我们，遇到再复杂的事情都要警觉，要坚持做好人的价值观，才能避开暗流和旋涡，秉持正确的价值观不一定能挣钱，但能保持善终。

其次，在这个过程中，任何一家企业都会面临人员更新的问题。如果按照人的代际来说，20年算一代，那么公司到20年、25年的时候就会出现整体老化。在这个时候，就需要重新审视业务，也要考虑转型换代的事情，这是所有公司都会面临的问题。就像一座房子住了20年要重新装修一下、家具挪一下，企业超过20年，往往面临重组、更新、代际更替等重大的选择问题。

但是怎么重组？不同的企业有不同的做法，**我认为适应未来公司规模的方式一定是特种作战的一种组织形式，也就是千万不要再去做一个超级的金字塔式的大组织，而是应该做一个小组织。这个小组织在大后台的支撑下，才能够有效率。**这就是特种作战的一种组织模式。这几年我们也把公司变成了小组织，所以才能够实现"小组织自驱动，低成本高回报"，效率提高了，团队也高兴，发展的速度就比以前要快。

在平衡代际关系时，同时也要平衡控制、效率和正义之间的关系。 一个组织如果只强调控制，那么会牺牲效率，也会伤害到正义，也就是公平。如果一味地讲效率，忽略了公平，那么组织就会涣散，控制就会变成徒有形式，而且最终组织会崩溃。

一个企业要避开周期律，要持续地增长，就必须特别重视、平衡好这三者之间的关系。必须在适度的控制下把它变成一种规则，然后用正当的激励让组织有效率，同时在利益分配当中保持公平，在道义、情感上保持公平。这些也是我们能够克服周期律的一个法宝。

当然，在整个过程中，我们都要有很好的学习精神和自我调适的能力，创业就是一个不断地遭遇挫折和问题，然后解决问题再重新出发的过程，只要你不放弃，就得自我学习，自我调整。这个调整的过程就是学习、更新、反省、再生的过程。只要学习能力超强，不断地调整更新，就能够在环境的不断变换中立于不败之地，打破你个人的局限，同时超越周期、跨过周期、战胜周期。

2

第二部分

商业的底层逻辑

11

市场是有腿的，钱也是会跑的

市场究竟有多聪明？我们能做的事，究竟有没有边界？市场的方法和计划调控的方法哪个好？两个方法能产生怎样不同的结果？如果把它们配合起来，是不是效益会最大化？我们的创新有多少领域？换句话说，我们可以无限地创新吗？我们的创新是不是也可以不受限制？

想起我过去的一些经历，有三件事特别有意思。

第一件事，大家知道本·拉登是美国在"9·11"之后全力通缉的恐怖分子。用小布什的话来说，就是"活要见人，死要见尸"。美国悬赏了五千万美元，要本·拉登的人头。本·拉登一直都躲着，东躲西藏躲了将近十年。本·拉登害怕的是谁呢？其实他并不害怕美国的正规部队、军人，甚至特种部队。说起来也挺奇怪，本·拉登最害怕的是一种叫"赏金猎人"的民间力量。

什么叫赏金猎人呢？在美国，为了要补充打击本·拉登的正规军事力量，他们专门悬赏一部分过去在战争中有经验的特种部队的退伍战士，或者是老警察。这些人有经验，有持枪的牌照。在政府备案以后，政府允许他们去抓本·拉登，对于这些人来说，他一辈子能够有五千万收入的机会，恐怕就这一次。所以他们非常玩命地把自己装扮成本地人。风餐露宿、严寒酷暑都不是问题，他们极其节省，因为所有的费用都是自己出的，政府是不会给差旅费的。只要抓到了本·拉登，那所有的收入都是自己的，而且还免税。这帮退伍的特种兵，还有一些老警察，甚至带着儿子、兄弟，组成父子档、兄弟档。他们在阿富汗的山里到处钻，在巴基斯坦和阿富汗边境上到处窜。

有一个电影就专门演这个。当有消息知道本·拉登大概藏在某一个村子里的时候，特种部队和赏金猎人都抢着上，于是就起了争执。最后大家达成一个默契：前面这拨让特种部队打，最关键要抓人的时候，由赏金猎人上，也就是把挣钱的机会留给民间。

这是电影里演的一个情节，但也告诉我们：哪怕像抓逃犯这么复杂的一件事，市场机制也在起作用。五千万美金作为赏金，就是一个固定的市场规模，只要你去干，抓到本·拉登，你就可以有这个收益，所以一样会刺激这些有特殊技能的人投身到竞争当中，甚至是跟特种部队去竞争。这让我们看到，市场真的挺神奇的，会有一种特别的力量，调动出一些特别的因素，解决一些特别的难题。

第二件事，我记得是在美国中北部偏东。我到过一个小城市，在印第安纳，冬天时雪可能会下得非常大。有一次我们开车到住的地方，朋友提醒要小心停车。为什么？他说这两天拖车公司生意特别好。我就很纳闷，这跟拖车生意有什么关系呢？事实上，因为每到大雪季节，政府就会给两家公司发放牌照。

每年在这个季节，违反交通规则的人会比平时多。人多了，罚款就会增加，也就是说，如果把罚款看成一个市场的话，这个市场的容量就会扩大。而这个时候，政府如果增加编制，等过了这个季节，这些人怎么办呢？又不能马上把他炒掉。于是政府就想出一个办法，不增加编制，不增加人，不增加设备，不增加预算，而是把罚款这个市场交给民间来解决。也就是发两个牌照，允许两家私人公司去抓这些乱停车的人。抓到以后，只要取得证据，就可以罚款。既解决了乱停车的问题，这两个私人公司也能拿到一部分收益。但是又要防止这两个私人公司办事出现问题，比如说抓错了怎么办？或者说没事找事，那也不行，法律上也有约束。如果你抓错了，停车的人就可以起诉你，也可能你一个冬季本来指望挣的钱全搭进去还不够，就破产了，第二年这个生意也就不会给你了。

正因为这样，抓乱停车的公司就特别谨慎，每看到一辆车停错，他们都要360度拍照，取证非常严谨，甚至比一般的警察还要认真，因为他们怕破产，怕没生意。两家公司又竞争，都不敢乱来。这样一来，政府没有增加预算，又抑制了乱停车的行为。

这也是用市场的机制来解决问题的故事，同样说明市场的神奇力量。

第三件事，是在早先，大概七八年前的时候，总会听到一些索马里海盗的信息。大家或许也看过一部电影，讲索马里海盗的故事，船长如何被海盗绑架，特种部队又是怎么跟海盗激战，最后救出了船长。

大家都会讲，海盗在索马里外海这么猖獗，我们应该派部队去啊。是的，我们国家也派了部队去，然后各国海军经常在那里游弋，时不时就会开枪、开炮，来震慑这些海盗。即使这样，效果也有限，因为拿大炮打蚊子这事儿成本太高。那世界各国最后怎么解决这个问题呢？还是用商业的方法，请私人的海上护航公司来进行反海盗和打海盗的工作。

我在英国碰到过全球防海盗、打海盗最大的一家公司的老板，他说全世界关于打海盗、防海盗、反海盗这个安保市场，大概也就五六千万美金。依据海盗出没的季节、危害的大小以及商船的频次，决定每一次护航的价格是多少。亚丁湾的海盗最猖獗的时候，每一次单次护航就要收七八万美金。现在消停了，安定了，价格就大大降低。当然，很多安保公司加入也是竞争因素之一。目前，从亚丁湾这边走商船，每一次的护航费用已经降到两万美金以下。而最近几年，随着尼日利亚沿海的海盗开始活跃，据说这个地方的护航费用又开始上升，大概一个航次要三万到五万美金。

打击海盗最有效的途径就是要靠商业力量，靠护航公司。怎么解决呢？有简单的方法，也有复杂的方法。比如配备一些经过专业训练的人，带着武器上船，以对付那些拿着简单的武器，甚至没有武器的海盗。更简单、便宜的方法，就是把船舷加高，甚至在船舷上面做一些电网、铁丝网，让海盗没有装备上不来。无论如何，用的都是商业的方法。

类似的私人安保公司，在过去一百年中，都有很好的发展。除了反海盗以外，各种各样的安全问题也都用商业的方法来解决。美国这样的公司有四万多家，从业人员也有上百万。每年的安保市场开支也有两百多亿美金。英国这个行业发展得也非常好，最大的一家，也是全球居首的安保公司，年收入有120亿美金。

这些故事实际上都说明一件事，**即我们常以为只有政府才能解决问题，但市场也具备同等效能。**无论是抓本·拉登还是打海盗，**市场都有它独特的本事，能激发出一些专业的人，用专业的方法，以民间分担成本的方式，来解决重要的社会问题，甚至是政府难题。**

我们常说，市场是有腿的，钱也是会跑的。钱跑哪儿去了？跑到那些有需求的地方去，市场的自由度就是这个意思。哪里有需求，哪里就会出现有意思的产品和服务，市场的自由度就大，像镖局啊、私人保镖啊、安保啊，以前我们认为供求关系不是那么明显，甚至是市场不会提供自由流动的机会，现在来看并非如此，市场无形中就流动和扩大了。

在日常生活和各种生意当中,我们应该坚信,跟着市场走,跟着钱跑,在规则范围内跑得快,机会就多。我们要借助市场神奇的力量,发现机会,创新产品,提供更多的服务,发展企业,也解决社会问题。这就是市场神奇的魅力。

12

"狗蛋式创业"和"职业运动员式创业"

前段时间,我看了一部电影叫《燃点》,讲的是一群创业者的故事。它不是通常意义上的故事片,不到两个小时的时间里,它拍了14个创业者,把每个人的创业和生活中的侧面剪辑出来,做成了类似纪录叙事的片子,但又不完全是纪录片,大部分时间还是创业者自己在口述,所以很多网友调侃说,自己花了一张电影票的钱去看了一场创业者联播。

话虽如此,我看完还是挺有感触的。因为我自己就是一个创业快30年的人,直到现在还在折腾着。这14个人的年龄都不算大,二三十岁的人居多。从他们身上,我观察到现在创业的这一代人和我们这一代人有着明显不同。由此我想到了两种创业模式的差别。

我们的创业,就是在体制内待了一段时间就出来,两手空空跑到了海南，借了一笔钱开始办公司。那是什么时间呢？1991年。比中国第一部《中华人民共和国公司法》颁布还早两年，也就是说，1993年才有《中华人民共和国公司法》，我们1991年就开始办公司。

那个时候，大家头脑里对公司是个什么东西、什么叫创业、什么叫商业模式，完全都是空白，脑子里根本没有这方面的知识。我们唯一知道的，就是想要折腾，按照自己认为对的方式，去折腾出我们想要的天地。这就是我们早期创业时候的一个环境，不仅没有法制的保证，而且面对的是一个"江湖"，没有人知道该怎么做，那是我们称为"野蛮生长"的时代。

我把那时的创业，比作是"狗蛋式创业"，非常乡土，完全没规则。 狗蛋是什么人呢？就是村里土生土长的一个浑小子，上房揭瓦、下河摸鱼，什么事都不按常规去做。但是东窜西折腾，一会儿卖东西，一会儿办厂。村里人可能觉得这人不靠谱，没想到他居然成功了。这就叫"狗蛋式创业"。也就是说，在大环境都不确定的情况下，只能确定自己的价值观、愿景，只能确定自己想要干什么。只要这些是确定的，其实创业就已经开始了。并不需要很多客观的资本条件，没有股票市场，也没有人来教你，单纯靠一种冲动而已。这就是我们那个时代创业人面对的环境，也是最常见的一种生长模式。

我们也是幸运的。1993年《中华人民共和国公司法》出台了。市场有法律保障，且越来越完备。从1993年到现在，全国颁布了多个和赚钱有关的法律法规，已经把赚钱这件事规范得像参加奥运会的标准运动一样。**创业的过程就像在一个大型的运动会，你选择什么项目，也就是说选择哪个行业、哪条赛道，只要按照规则去跑，就有可能或者说是必须从"狗蛋"变成专业运动员，在公开透明的场合进行专业比赛。**这时候的创业也就不是"狗蛋式创业"了，而是"职业运动员式创业"。

《燃点》这个电影讲的很多创业故事，其实都是"职业运动员式创业"。最年轻的才二三十岁，比如大家都很熟悉的Papi酱。还有一些40多岁的人、小有成就的人，还在继续折腾，比如猎豹移动的老板傅盛、锤子科技的创始人罗永浩，以及曾经有过一些创业经历，现在已经"上岸"开始做投资的人，比如经纬中国的张颖和真格基金的徐小平。

他们中的绝大多数，从创业一开始，走的就是"职业运动员式创业"这条路。有标准的商业模式，有标准的资本市场、投资人，也有投行服务，还有整个商学院教的一整套话语体系和团队，帮助自己完成一个相对"标准动作"下的创业模式。

如果我们今天来比较一下"狗蛋式创业"和"职业运动员式创业"，谁优谁劣呢？其实不好比。从难易程度上来说，没有哪个更简单。**反而有一个共同点，就是创业很艰难、很麻烦。**

打个比方来说，"狗蛋式创业"好比是自己瞎折腾，划着船出海，四周白茫茫一片，看似天地广阔，自己什么都能做，实际上，要做的事情只有两样：第一就是活着回到岸上，第二就是捞点什么，不至于空手而归。越是自由空间可以随意选择，越是不自由。因为选择就意味着放弃，自由就意味着枷锁。在充分自由的天地当中，每一次选择的失败，你必须承担结果，这个时候你会更谨慎，而不是说更放开。对于"狗蛋式创业"的人来说，约束条件就是有限的资源和可能要承担的无限的连带责任，以及失败后的所有代价。正因为这样，"狗蛋式创业"成功率也非常低。

为什么即使这么难，成功率这么低，大环境瞬息万变，"狗蛋"还要创业呢？这是由他们的价值观决定的，也就是，他们自认为身上有某种信念，而且承担了某种使命。这种使命让他们有了自信，有了冒风险的勇气，也有了往一个方向去坚持的动力和毅力。所以"狗蛋式创业"的过程中，个人的特征、性格、力量、观念、信仰，这些因素非常独特。因此"狗蛋式创业"的人成功非常少，但是个人的性格特征非常鲜明。

到了"职业运动员式创业"，就变成大家像运动员一样，被喊在一起，发令枪一响，大家就往前跑。规则是清楚的，环境是透明的，竞争的人也是非常多的。在这个过程中，赛道实际上是变窄了，你必须全力奔跑，稍微松懈就可能落后一大截。

更残酷的是，这个时代的头部效应越来越明显，民众和资本的注意力，都只会集中在最靠前、最优秀的人和企业身上，也就是头部身上。作为一个"职业运动员式创业者"，一旦跑起来，要么扛住压力，奔跑下去，直到赢者通吃，要么半途而废，什么都得不到，归零而已。

除了这种环境上的差别以外，我还从电影里看到了其他不同。在"创业者"这个词被普遍认可之前，大家经常说某某人是做买卖的。它们有何区别呢？其实做买卖是商业最本质的一种模式，就是买进卖出，低买高卖，通过价格差来获取利润。

我们现在说的创业，实际上有两种意思。一种是做交易，我们叫"套利型创业"。另外一种是一定要做出新的东西，比如新产品、新服务，我们把它叫作"创新型创业"。这两种创业没有高低之分，都是为社会财富的创造和分配做贡献。

电影里有一个小伙叫安传东，从河南农村考到了中国人民大学，然后开始创业，已经换了几个方向，但一直不愿意放弃这个想法。激励着安传东这个小伙的，就是他渴望改变阶层、地位、身份的这样一种冲动。安传东的创业初衷，其实代表着现在很大一部分创业者的心愿。他们带着对改变阶层和追逐财富的强烈渴望，投入创业大潮中。

还有一部分人，他们有了一个喜欢的东西，想把它变成商品分享给他人，他就做了。这是一种偏好手艺带来的创业。这类人的出发点很简单，就是喜欢，就是对于新事物、新产品有无限多的力量。真正走上了创业这条路，会发现虎狼在前，一刻都不能停。创新也面临巨大的自我挑战和外部挑战。

所以，"创新型创业"比"交易型创业"更不容易，但是价值更大。比如华为开发出5G的产品，这就叫"创新型创业"，它可能改变整个技术路线、产品应用以及消费形式、生活形态等等。创新是真正带来文明的改变,也推动了整个人类物质世界和精神世界的进步。

创业就是这么一件有魅力的事情。就像徐小平说的,这个时代的偶像英雄以及最风光的人,还是创业者。《燃点》只是一部电影,选了14个创业者做了简单的展示,我相信还有千千万万的创业者正在为自己的愿景、理想、梦想而奋斗着、折腾着。

希望大家一起加油。奔跑的时候别忘了思考,不管成败都能对自己说一句:此生没有虚度。

13

拥抱变化,告别平均数思维

很多人都说,打贸易战了,经济形势不好了,做企业太困难了,**但是从我自己近30年的创业经历来看,市场的变化是一个常态。**政策、制度、市场、客户需求,包括企业内部人员结构的变化,都是特别常态化的事情。

我研究过企业的死亡,只有四种死法。第一种是技术进步。原来用BP机,现在改用手机了。又比如以前用胶卷,现在改用数码相机。技术进步会淘汰掉一批企业。第二种是自然灾害。突然地震了,小企业不买保险就死了。大企业保险公司都赔不起,比如之前讲的,"9·11"事件后死了好多保险公司。战争、自然灾害,这玩意儿没有办法避免。第三种是制度变革。比如说因为社会动荡,企业好好的却突然就没有了。第四种就是竞争策略出问题了。比如说人用错了，资本市场上杠杆用大了，这属于竞争问题。

第一种和第四种死法，属于企业家的问题。也就是说，产品不更新是你企业家的事，竞争策略错了是你企业家的问题，这些是我们自己能控制的。

第二种是因为自然灾害，当然就要买保险。而第三种——社会制度变革，是企业家控制不了的，但是我可以预知变革而躲避风险。比如我在伊拉克办了一个企业，突然萨达姆要打仗了，我预知了风险，我跑到科威特，军队突然把科威特也占领了，我又跑到边上的沙特阿拉伯，那没准儿就活下来了。不过这也是小概率事件，我们不能研究这种事。

所以，企业家只能在从产品和竞争上下手。积极地在产品端下功夫——这个产品会不会被取代，企业是否能跟得上？接着是商业竞争战略，杠杆用到适度。用小了，人家都快跑的时候，你就落后了；用大了，风向一转，你就爆了。另外要管理好现金流，保证企业不死。

同时在持续发展中，去研究制度变革。不要往制度变革的坑里跳。比如说一些制度环境、经营环境不好的地方，你就别去了，这是我们能做的，其他的事情不要去考虑。

有一次和吴伯凡聊到"市场变化和市场机遇"这件事。吴伯凡把企业面对的因素分为可抗力和不可抗力。他说，在欧美，特别关注的是技术和市场的不确定性；在中国，更关注的是政策的变化。

中国的政策和法律越来越完善，这是气候条件的保证，对于企业家来说很重要。**企业家如果说有手艺的话，最大的手艺就是感知。感知气候的变化，然后调整自己的生存策略。**

无论怎样，市场永远有机会。吴伯凡认为，所谓悲观是建立在视野狭窄的基础之上的。你看自然史或进化史，就会发现，任何一个灾变，它对于一些物种是一场灾难，对于另外的物种而言，就是机会。比如说小行星撞地球，恐龙灭绝，哺乳动物才真正出现。如果恐龙还统治世界的话，我们这些哺乳动物是不可能出生的，所以永远有机会。

吴伯凡举了一个例子。有一个线下家居连锁品牌，从2018年4月份开第一家店，到2019年年底，要开2000家加盟店。为什么它成长得这么快？因为它是真的用心，用在很多人看不到的那种机会上。比如说货架摆放。根据"黄金视线原理"，一般零售企业略低于视线的那一层货架，创造的成效是最高的。但是这家店发现，很多人去卖场，是带着小孩去的。小孩都看最底下的货架，而且小孩眼睛尖，每次到了一个地方，看到新奇的就要往里头冲。大人没办法就得跟着他去，所以这家店把货架做了很好的设计。

除此之外，这家家居店还帮助客户克服选择困难症。也就是说，任何一个产品只有两种，它不让你有更多的选择，这个也是针对小孩的。选择多了以后，小孩会特别茫然。大人其实也是这样，选择特别多的时候，兴趣反而越来越低，最后就走了。而且在价格上，通常是客户预期的二分之一或三分之一。这样家具店做两款产品，仅仅是颜色和款式上略有不同，很多人就想，算了，我也不知道买哪个好，价格也不贵，干脆两个都买了。所以这家的商品销售基本上都是双份的，规模就发展得特别快。

这家家具店，把儿童的行为考虑进去，还帮助客户解决了购买过程中种种没有被解决、被满足的痛点，这就意味着永远有机会。

这也让我想到一件事情。20世纪90年代，我们第一次去华尔街跟黑石集团的人聊天。当时我们很年轻，觉得中国的机会很多，你们要再不来就没有机会了。结果他们说了一句话："对我们来说，永远没有迟到。"

为什么呢？因为我们是创造机会的，不用你给我们机会，而是我们一出场，你才有机会。所以，市场永远有机会，也永远没有迟到。

对于一个有能力、有创造力、有影响力的人来说，什么时候都是机会。因此，对目前众多的企业家和企业而言，不要抱怨市场的变化，其实更应该看准机会，去发展自己的事业。

但是，"市场永远有机会"这并不是对所有人说的。

平均数思维，实际上是吴伯凡提出的概念。他曾经讲过一个故事。有个统计学家过一条河。这条河平均深度一米五。他一想，我身高一米八，是可以过去的，结果就被淹死了。反过来的例子也有。就是大家都觉得不好，或者大家都觉得好，跟你到底有多大关系？马云也说："不是实体经济不行了，是你的实体经济不行了。"所以，**做企业要告别平均数思维，你不要老按平均数来确定自己的行为。**

其实现在在中国，创业进入了一个非常好的时代。在1993年之前，我们连《中华人民共和国公司法》都没有。到现在，我们已经有了多项跟赚钱有关的法律法规。也就是说，我们现在市场的法律秩序的建设，处于历史上最完备的一个时期，而且跟国际上的绝大部分游戏规则是打通的。

我经常把创业比作运动会。曾经是狗蛋式，现在是职业运动员式。只有在规则完备的时候，才会愿意培训运动员。那么，谁培训运动员呢？就是给钱的人。他们赌运动员、赌马，钱才会进来。钱进来以后，观众也才会埋单，才去看运动会。所以，从这个比喻来说，我觉得现在是历史上创业条件最好的一个时期。

不可避免地，肯定会有很多企业死在路上，甚至死在起点，这是过程，也是大自然的规律。现在的企业，95%左右在三年之内死掉。但是一方面，有这么大的基数，大家来创业，实际上是中国经济持续发展的重要动力来源。另一方面，也给很多资本筛选出最优秀的种子选手提供了机会，所以才能吸引阿里、腾讯这样的企业。这样一来，又带动了更多的创业者。中国经济要持续发展，必须是这样的循环。

吴伯凡曾经讲过另一个关于种树的例子，也特别有意思。他说，有人计算过，可能是大自然一种神秘的设计，如果你听任一棵树结种子，它到处能够播撒，在它的整个生命周期里，它的播撒范围基本上是能够覆盖整个地球的。问题是，大自然不会给这个机会。几亿种子里头，有一颗能够长出来就不错了。人不也是这样吗？我们来到世界上，是亿分之一的概率，背后都是大量的浪费。

至于你能不能活着，你能不能找到钱，我非常赞成吴伯凡的"平均数思维"——不能因为你找不到钱，就认为钱没了。的确，在每个阶段资本都有自己的选择，但是你一定要相信**资本的属性：懒、馋、占、奸、滑。**

第一懒，投资人就是想点石成金，不干活儿，把钱押对就完了；第二馋，干啥都不想落下；第三占，不仅想挣，还要比你挣得多；第四奸，比你狡猾，条款给你做得让你没有办法弄，比如对赌；最后一个滑，万一出事，他先跑。

所以，在这个博弈当中，有些创业者觉得困难，甚至说有一些悲观。实际上，这是很正常的，**正因为投资者这样严酷的筛选过程，才能筛选出最强的竞争者和最优秀的选手，创业才能够变成经济进步的动力。**否则，什么人都拿钱，这就是救济粮了。

如果今天粮食是有限的，一定给那些吃了还能找更多粮食的人。不然每个人都吃，第二天都死了。但是我只给10个人，这10个人吃饱，去别的地方找出来更多的粮，剩下的人还有可能活。

这个过程是一个互相适应和筛选的过程。从大时代来说，我们现在的创业环境比原来好很多，有非常好的机会。总之，创业没有示范，没有样板，它是带动、激励和感染。告别平均数思维，在创业最好的时代，努力做一些想做的事情。

14

卖铲子的都活着，挖黄金的死了

经常有人讨论：当一门生意特别火的时候，就是在"风口"上的时候，要不要凑个热闹？我觉得最好不要。你真正要做什么，**还是要根据自己的竞争能力、愿景、喜好去做擅长的事，而不应该盲目地去跟风**。因为大家都挤进去的时候，竞争会变得非常激烈，不仅机会变少，成功的可能性也大大降低。相反，**如果你在热闹的生意或者说风口的周边找机会，没准儿赚钱的机会反而比较多，成功的可能性更大。**

我给你讲几个故事。

前些天，我看到公司的一个年轻人喜形于色，我就问他怎么回事儿。他告诉我，比特币的价格再次涨到了五千美元，他的损失又少了一些。原来，2018年比特币疯狂的时候，这个年轻人没经住诱惑,把手头的积蓄都拿出来炒币。然而就在他做着发财梦的时候,比特币的价格开始下跌。他舍不得割肉,选择持有,结果比特币价格一路下跌,越亏越多。像他这样的人不在少数。

2019年3月底,我又看到这样一条消息,比特大陆因为无法满足港交所的一些条件,上市计划暂时搁置。比特大陆是做什么的呢?虽然它一直是以AI芯片生产厂商的形象对外,但是很长一段时间里,超过90%的业务都来自矿机销售。矿机就是专门生产比特币等虚拟货币的设备。

我们也从公开资料中看到了比特大陆的一些经营情况。这是一家非常年轻的企业,成立至今不过五六年的时间,已经发展得很迅速了。仅仅2018年上半年,比特大陆的营收就达到了28.4亿美金,毛利超过10亿美元,这是一份非常炫目的业绩,绝大部分科技独角兽都无法在赚钱能力上与之媲美。不只是比特大陆,在比特币牛市带来的全行业狂欢中,一些矿机生产厂商也都在2017、2018年实现了财富暴增。

2018年底比特币大跌之后,很多炒币的人财富暴跌,亏得一塌糊涂,但这些矿机生产厂商,由于此前的发展已经积累了技术、财富,因此在这个过程中,实现了多元化经营,甚至是转型。比如比特大陆,早就在人工智能芯片以及基于此产品和服务之上投入甚多。相比那些惨赔的炒币者,这些生产厂商的回旋余地要大得多。

这就让我想起一百多年前美国的淘金热。由于美国西部的艰苦条件，很多人死在了淘金过程中，剩下的许多人也由于金矿之间的竞争并没有赚到太多钱。但是当地提供各种生活、生产服务的人，比如卖食品的、卖水的、提供住宿的、卖挖金矿的铲子的，因为需求大增，赚了很多钱。

1848年，美国旧金山的一名木匠詹姆斯·马歇尔建造锯木厂时，在推动水车的水流中发现了黄金。这个消息不胫而走，引发了全世界的淘金热。意大利人、巴西人、西班牙人纷纷涌入，旧金山居民从1847年的500人，增加到1870年的15万人。

在这个过程中，诞生了第一家牛仔裤企业。1847年，德国人李维·斯特劳斯来到旧金山，以卖帆布为生。后来他发现，当地矿工十分需要一种质地坚韧的裤子，他用原来造帐篷的帆布做了一批裤子，卖给当地的矿工，十分成功。李维·斯特劳斯眼见销售不错，就迅速成立了一家公司，主力生产牛仔裤。又经历了一个半世纪，牛仔裤从美国流行到全世界，并成为全球各地男女老少都能接受的时装。李维·斯特劳斯因此被称为"美国牛仔裤之父"，而他创办的这家公司就是美国著名的服装品牌李维斯。

在淘金热期间，还有一个叫米尔斯的人也来到了旧金山。他没有采挖过一克黄金，相反，他向淘金者们出售铲子等工具，积累了一定的财富，之后又开了一家银行，供淘金者们存储获得的利益。之后在他的帮助下，加利福尼亚银行在旧金山开业，之后很多年，它一直是该地区最大的银行。

作为一名淘金者，米尔斯从来没有淘过金，但他抓住了淘金热的浪潮，利用其周边的机会迅速成为那里最富有的人。而在这个过程中，绝大多数淘金者都没有发财，许多人甚至家败人亡，包括最早发现黄金的马歇尔，身无分文，在一间简陋的房子中去世。

还有就是斯坦福大学。我们只知道这个学校不错，却忘了该校的创建人斯坦福夫妇，也是在淘金热的过程中，因为做周边的生意赚到了钱。最后他们捐出这笔钱，以其儿子的名字创办了这所学校。

为什么会出现上述情况？有一些解释，叫媒体效应。所谓的媒体效应，就是指因为宣传，全社会都认为这个行业特别能赚钱。你想象一下，挖到的沙土用水洗一下，就能捡到一勺子金，多么诱人。

在这种情况下，社会上各种各样的人员、资本都涌入这个行业中，但是大量涌入的人群很难建立起特别的优势。大家如果都一样，突然增加了很多人来竞争，产品又是同质化的，那么唯一的方法就是不停地压低产品价值、劳动价格以及供应商的价格，过分竞争其实赚不到钱。

相反，对于那些提供铲子、牛仔裤的人来说，他们做的事缺乏媒体效应，没有人会报道说，生产一把铲子能赚好多钱，或是卖牛仔裤会发大财，就算写了也没人看，他们做的事太普通，因此也就没有什么人加入。于是，卖牛仔裤、卖铲子的人，就在平静的过程中，在没有大竞争的情况下，缓慢但有效地积累了自己的优势和财富。

所以，当一门生意变得十分火热，仿佛人人都能从中挖到"黄金"的时候，最好去找一些周边没那么多人注意的行业，类似于卖铲子、卖牛仔裤的行业。**躲开巨量竞争，提供相对优质的服务，反而更有赢的机会，更有长期发展的可能。**

15

秘鲁马丘比丘的老鼠生意

曾经有朋友问我,最不能接受、觉得最奇怪的食物是什么?我跟他们说,是老鼠。以前我跟几个朋友去南美洲玩,到了秘鲁,当地有个景点叫马丘比丘。我们看完景点之后,导游就特别得意地说带我们去吃大餐,结果去了一看,端上来的竟然是老鼠。

我们几个人坐在一个餐厅里,环境也不错,可是盘子里却放着一只硕大的老鼠,和龙虾一样,被劈成了两半,但是老鼠的形状清晰可见。可想这对我的食欲是多大的摧残。在我的印象里,老鼠很脏,形象也坏,我一看盘子里的老鼠,都蒙了,坚决不吃。

从南美洲回来以后,我找了本书看,里面讲到柬埔寨人是怎么因为政治和经济社会的剧变开始吃虫子的,于是我联想到了秘鲁人吃老鼠。我又专门找了一些资料看,才发现,秘鲁人吃的老鼠,原来不是通常下水管道的那种脏老鼠,而是豚鼠。他们把豚鼠当食物，虽然小众，但不"奇葩"，而且养豚鼠还成了一门好生意。

我觉得这挺有意思的。秘鲁马丘比丘的老鼠生意，可以启发我们的思维，教我们如何把一件被动的事、一件看似不是很愉快的事情，变成生意。

马丘比丘是秘鲁的文化遗址，也是一个古城的遗址。它是一座建立在山坡上的石头城，两边都是悬崖，下边是一条湍急的大河。现在去看马丘比丘，除了能看到它神奇的石头建筑和自然风景，其实别的也没什么可看的，因为它就是一座空了三百多年的废墟。它最辉煌的时候是15世纪，那时候，马丘比丘是印加帝国的一座防御性城市，离首都库斯科不远，有考古学家说，这可能是当时贵族度假、祭祀的地方。

印加文明是印第安三大古文明之一，最鼎盛的时候征服了整个安第斯地区。但因为继承权的问题发生了内乱，16世纪中期的时候，入侵的西班牙人又带来了各种病毒，印加人没有抗体，于是发生了大规模瘟疫，帝国就衰落了，这块地方就成了西班牙的殖民地。直到现在，秘鲁的官方语言还是西班牙语。

西班牙人占领了这个地方之后，最开始并没有做什么政治上的考虑，只是把秘鲁有但欧洲没有的东西带回去，卖个好价钱，其中就包括当地人最喜欢吃的豚鼠。这里的豚鼠和我们通常说的老鼠是有区别的。我们常见的老鼠体形小，有很长的尾巴，经常在下水道里钻来钻去，很脏，这些都属于野生老鼠。但是豚鼠在公元前500

年就已经被安第斯山脉地区的古印第安人驯养,当作食物了。因为在高海拔的山区,没有条件饲养猪牛羊鸡鸭鹅,其他猎物又很难驯化,而豚鼠肥肉少、瘦肉多,繁殖能力强,性格温驯,吃的是草,还特别好养,于是就把豚鼠当猪一样养起来。

养着养着,豚鼠在古印第安人眼中都不仅仅是食物了。因为豚鼠需要很干净的生存环境,否则就会生病。所以印第安人就觉得,豚鼠可以当作医生的诊断工具,甚至还有的人会用豚鼠来通灵。所以在秘鲁人眼里,豚鼠没有其他地方对老鼠的那种坏印象,他们觉得豚鼠很好,能吃,皮毛还能用,能治病,还能通灵。

这种对豚鼠的推崇态度就影响了西班牙人,他们觉得南美洲的豚鼠确实和欧洲老鼠不一样,可以当成一种商品带回欧洲。

豚鼠一出南美洲成为商品之后,有趣的事就发生了。

一开始是当成肉食来卖,还火了一把,因为大家都没吃过,觉得新鲜。时间一长,欧洲人吃不习惯了。因为豚鼠肉虽然好吃,前提是得按秘鲁人的做法做,用当地的香料腌制,然后放到火上去烤。这和欧洲人习惯的吃法不一样,所以吃豚鼠流行了一段时间之后,欧洲人的兴趣就淡了,变成了一种小众吃法。

这下,把豚鼠带回来的西班牙人可不干了。因为豚鼠特别能生,一只豚鼠一年能生三十多只小豚鼠,如果不把它卖出去,养鼠的人可就得亏本了。所以商人们就天天盯着豚鼠看,试图想个办法。看久了,他们发现,这小东西竟然还挺可爱,而且性格温驯,于是就把豚鼠从肉鼠包装成了宠物鼠。

他们把豚鼠打理得干干净净，放在特别精致的笼子里，拿到集市上，专门向女士们推销。豚鼠之所以有一个"豚"字，就是因为它像猪一样能吃，体形也是圆滚滚的，挺可爱。女士们一看这哼哼唧唧、毛茸茸的豚鼠，特别喜欢，都愿意养它。这么一来，豚鼠很快就从肉鼠变成了宠物鼠。

豚鼠的吸引力有多大呢？连英国女王伊丽莎白一世也忍不住养了一只。上有所好，下必甚焉。所以，豚鼠在欧洲也就成了一种常见的宠物。豚鼠风靡欧洲之后，养豚鼠的商人还是觉得不够，还要扩大它的市场，当时西班牙、荷兰、英国都已经是航海大国了，他们把豚鼠放船上养着，满世界转悠，每到一个国家就大力推销。

英国人去印度开东印度公司的时候，豚鼠也被带到了印度。印度是一个很有意思的国家，既有复杂的种族问题，也有纠结的宗教问题。比如说英国人喜欢吃牛肉，但在印度就遇到了阻碍。对当地信仰伊斯兰教的人来说，吃牛没问题，可是当地印度教的信徒就不干了，他们说牛是圣物，不能吃。英国人被折腾了一番，最后干脆在当地开辟了豚鼠养殖业，两边都不得罪，能吃，还能卖钱。所以直到现在，豚鼠在印度也是很有市场的，和秘鲁一样都被当成肉鼠来吃。

荷兰人也想方设法推销豚鼠。日本明治维新开始不久，荷兰人就跑到日本做生意。为了把豚鼠卖出去，荷兰人灵机一动，就说这是荷兰当地的猪，特殊品种，所以长得很小，但肉能吃。在荷兰人巧舌如簧下，豚鼠就这么被改了名字，成了"荷兰猪"。不过豚鼠在日本的遭遇和在欧洲差不多，日本人喜吃海鲜，对豚鼠肉没什么兴趣，主要把它当宠物养。

很多年轻人都喜欢看宫崎骏的动画，《天空之城》里的龙猫其实就是豚鼠。当然了，这些欧洲商人也带着豚鼠来了中国，但他们有点失望。中国太大，食物也丰富，所以不管他们说得多好听，也没有多少人愿意改变自己的饮食习惯。

不知大伙感觉到了没有，从16世纪开始，西班牙人把豚鼠从南美洲带出来卖到世界各地，豚鼠就有了不一样的价值。在秘鲁人那里，豚鼠是美食，也是游客猎奇的食物，带动了当地的消费。但在全球其他地方，豚鼠还能当宠物养在家里，给大家带来快乐。因为成为一门生意，豚鼠就被开发出了不一样的价值和用途。

总而言之，秘鲁马丘比丘的豚鼠生意听起来挺离奇，其实和普通行业一样，都是在商业发展过程中不断满足人们的需求。一种是客观的需求，一种是发掘出来的需求、养成的需求、启发出来的需求、创造出来的需求。养豚鼠这件事充分说明了这一点，也就是需求被创造和被满足的过程。

养豚鼠不仅可以让人看着它开心，使它成为宠物，也可以让人食用，使它变成一种肉食。这些都是很有趣的发展过程。在我们创业做生意的过程中，我们应该关注到这个特点，也就是需求是怎么被发现和创造出来的。

16

不敢想的地方是未来

2018年2月2日,"风马牛一号"卫星在酒泉发射中心顺利升空,并精确地进入距离地表500千米高度的太阳同步轨道。发射完之后,总是有人问"为什么你没事儿要发一颗自己的卫星?"我当时开玩笑说,我梦想在月球上做房地产,当然这只是个玩笑。

我对未来一直充满了期待,虽然我不是一个科学家,但我很关注科技,因为科学打破了我的思维框架。所以,无论是火星上的经济适用房,还是人工智能、生物技术、生命科学,这些新的东西都非常吸引我。

我为什么会持续关注太空项目?起因也很简单。

2016年我去了一趟美国国家航空航天局,参观、体验了宇航员的一些训练,见识过3500万个零部件构成的航天飞机,这样的体验我觉得非常新鲜，也很震撼。我也发现，在美国国家航空航天局的航天城里到处可以碰到曾经在太空中遨游的宇航员，而在国内是很难接触到的。这是我想发射卫星的一个契机和激发点，我觉得这事好像不那么困难，然后就尝试跟相关方面去联系、去讨论，最后把它做成。

另外，我们有一个自媒体叫"冯仑风马牛"，团队有一个想法，想创新和开拓更有意义、更正能量的一些内容。他们在考虑技术和内容之间的关系，我也在寻找跟内容相关的技术公司，也许做的会比内容本身更有意义。所以，如果有一些从技术上努力的途径，创造一些新的体验和传播方式，那么卫星也许是可以做到的。

"风马牛一号"是国内第一颗私人卫星，这颗卫星配备了4K高清全景摄像头，可以360度呈现太空高清照片，拥有可承载用户原创内容的数字空间。我们在卫星里上传的东西主要有三样。一个是我们公司自己创作的歌曲，叫《大风歌》，由羽泉演唱，张亚东作曲。第二个是我们请台湾的一个音乐人把《千字文》唱出来，把中国传统文化送上太空。第三个就是梦想。我们征集了上千个梦想，把它们送上太空，最后我们来看哪个梦想在未来真的能实现。还想做一下太空直播，配合一些VR技术，通过卫星拍摄来实现，这类事别的媒体做不了，风马牛能做，那就变成了独特的内容，就可能突破以前媒体的边界。

内容、技术和体制，这三件事如果匹配得好，这种创新就可以成功。但目前还有一些困难，比如说直播还没法去做，需要审批。

歌从卫星上放下来，也要批。那么科技发展了，如果相关的管理制度没有很好地跟上，或者说没有一套支持鼓励的机制，这个卫星发上去以后就变成了一坨死材料，跟地面上的人就没关系了。

刚开始的时候，我看了很多资料，也挺高兴，觉得这真是一个很大的跨界。结果，看得越多，加上需要报批的手续烦琐，突然发现，现实和我想象的距离越大，于是就开始探讨其他可能突破的方法。

任何一件事都没有完美，只有满意。就是说要做到大家都满意才好，那才算一个可以持续创新或者是一个可行的商业模式。回头看所有伟大的特别的公司，只要有伟大的梦想，那么就必须面对可能遇到的困难和沟沟坎坎。梦想很伟大，使命很艰巨，现实的问题也需要一个一个去解决。每天解决一个问题，每天一小步，积累出一步伟大的变革，这也是我现在的心态。

再跟大家说另外一件跟太空有关的事。

2018年10月，公司旗下的一家公司在太原卫星发射基地，又成功发射了人类第一个太空基因库，首次在里面放了8个人体的基因细胞，其中也包括我的，现在正在850千米以上的轨道转着，理论上可以存放950年，当然这只是一个尝试。

当初埃隆·马斯克说要把一百万人送到火星，我就觉得这是一个特别了不起的星际移民计划。仔细一想，有一些事儿恐怕要解决，比如要把一百万人直接运去火星，目前不仅成本高到没法承受,而且技术上也有很多困难。现在火箭的载荷量最大是60吨,火箭从地球飞到火星要6~8个月,技术还不能做到每次都成功返回,且不说成本巨大,**只说按照这些火箭的载荷与速度,送一百万人到火星是不经济的,而且也是不可行的。**

那么换一个思路行不行呢？比如说,在美国销售的日本汽车,并不是在日本生产后运到美国的,而是直接在美国设厂,把车造出来。同样的思路,我们也可以把一百万人,甚至更多人的基因或生命细胞储存起来,先建立一个太空基因库,然后把太空基因库运到火星。我算了一下,一个细胞或者一个基因胶囊,连五克都不到,一百万人的基因胶囊加起来最多也就是五吨。假设一枚火箭可以运载50吨,那么一次就能运载一千万人的基因胶囊。即使失败了,最多也就损失一枚火箭,而且没有路上的吃喝问题,还可以提前发射几批火箭,带过去几十个、几百个机器人。

我看过美国国家航空航天局造的智能机器人,每个大概有一吨重,一次火箭发射能带50个机器人。如果把地球上造的人造子宫也带过去,再加上几个地球人,这样就可以在火星上建立一个造人工厂,造出一千万的火星人类,这当然是一个巨大的想象了。

我们可以先设想用这样的方式解决运输问题。与用火箭把大活人运过去的方式相比,这样做的成本低得多,效率也高得多。未来人类在火星和地球之间迁徙以及在星际之间转移都可以用这个方法,如果能够实现,地球人就可以在整个宇宙里自由地切换生存空间。

这么一想，脑洞就会大开，劲儿也就上来了。我们在2018年就开始尝试这件事，通过发射第一个小的基因库，在太空建立一个规模比较大的、超过一百万人甚至更多的基因库。

这件事情如果解决了，那么马斯克的计划还会遇到第二个问题：如果我们真的能够移民火星，那么要在火星建立一个什么样的社会呢？这取决于我们运过去一些什么样的人。中国人、日本人、美国人、欧洲人、中东人……如果这些人在地球就吵架，运过去了还继续吵架，那有必要吗？

所以，我想，**在火星上的人类不应该跟地球上的是非有太多牵扯**，那就必须通过生物技术、生命技术来创造出火星的人类，他们独一无二。光这样还不够，**我们还在火星上建立一种新型的人与人之间的关系，创造一种新的制度，一种新的文明，一种新型的伦理关系、社会关系，从而形成一个不同于地球人类社会的火星社会。**这些都是未来需要研究、需要发挥超级想象力去解决的问题。

我一直在想，什么叫未来？

我们不敢想的地方就是未来，我们不能及的地方也是未来，我们没有看到、不懂的地方还是未来。在通往未来的路上，我们往往被自己的能力和想象力所限制，被自己的知识和经历所限制，被自己的脚步所限制。最重要的一点，被自己内心不自由的状态所限制。所以我认为，要想突破这些限制，企业家就必须具有持续创新的活力，必须活在未来。

科学每一天的进步，都是在打破我们已有的思维框架，在改变我们对边界的认知。地球的边界已经不能束缚我们，既然我们已经发射了"风马牛一号"和太空基因库，未来我们可不可以去火星？或者去更遥远的地方？我相信是可以的。

17

超吸金的复联 IP 是如何炼成的

IP这个概念，在国内持续火了三四年。什么是IP？粗略地说，就是"知识产权"，用业内人的话来说，叫**"具有长期生命力和商业价值的跨媒介内容运营"**。

自从IP在中国火了之后，从前大家印象里少得可怜的稿费、版权费，顿时变得神秘莫测、身价倍增。互联网巨头百度、阿里巴巴、腾讯和各大视频网站都在高价囤积版权作品，一个网络小说作家的作品卖出百万元，也不稀奇。

在这股钱堆出来的IP热里，有清醒的人已经看到，IP不是万能的，不是一个囤在手里就能日进斗金的聚宝盆。那为什么以百度、阿里巴巴、腾讯为首的公司们还在追IP呢，互联网巨头们这样做的商业逻辑到底是什么？

IP这种操作早在20世纪60年代就已经出现了。当时日本三丽鸥公司的设计师清水优子在钱包上画了一只卡通小猫，和常见的猫不一样的是，它的拟人化程度很高，直直站着，左耳有一个红色的蝴蝶结，眼睛圆圆的，没有嘴巴。就是这么一个奇怪又特别的形象，让三丽鸥公司的钱包大卖，还出口到了英国。

这只怪猫的带货能力非常强，以至于成为三丽鸥公司名副其实的"招财猫"。为了"养"好它，这家公司专门给她取名为Hello Kitty，还设计了一个故事，详细描述它的家庭成员、国籍、爱好、特长，就连它没有嘴巴的奇怪设计，也被三丽鸥公司解释成希望人们"把自己的感受投射到Hello Kitty"上。

就这样，三丽鸥公司在不知不觉中，完成了创造一个大IP所必需的工作，Hello Kitty从一只画在钱包上奇怪的猫，一步步成为全球最知名的IP之一。从1974年注册Hello Kitty商标开始，这只猫就一直陪伴着全世界的孩子们，到了2008年，三丽鸥公司每年10亿美元的收入，有一半来自Hello Kitty。可见，**IP代表的是吸金能力，背后是持之以恒的培育和呵护。**

IP的概念真正被全球熟知，还是20世纪90年代美国动漫产业的贡献。那时DC漫画公司为了拯救漫画销量，推出了电影《超人》和《蝙蝠侠》，这两部电影因承载着典型的美国英雄主义情结，一炮而红。穿着红裤衩的超人和耍酷的蝙蝠侠红出了大银幕。

在DC漫画公司的精心策划下，原有的漫画重新大卖，系列电影也一部接一部地拍。在情节流动中，这两个角色拥有各自的性格特点，曝光度也越来越高。当他们出现在漫画和电影中的时候，大家都会想知道这次英雄又怎么拯救了世界，当他们成为文创衍生品或者游戏作品主角的时候，大家很愿意去买这些小东西，体验一下当英雄的感觉。

也就是从这里开始，好莱坞找到了一座巨大的金矿。**IP创造利润的潜力在好莱坞发挥得淋漓尽致，以至于超级英雄的电影数量虽然只占好莱坞电影总量的10%，却创造了好莱坞80%的利润。**现在我还经常听年轻人讲"漫威宇宙"，从一个IP发展到一群IP，看来这种操作非常成功。

说到这儿，你可能会问，冯叔，你怎么净说成功的IP，有没有那些花了大价钱却失败的IP呢？没错，我刚才说的都是成功的IP，**因为失败的IP太多了，它们连水花儿都没有，所以我们都忘了。这就是不成功便成零。**

IP要想长期跨媒介运营，有生命力，还要有商业价值，那就需要一个完整的故事、概念、形象。它可以用在音乐、戏剧、电影、电视等各种形式上。这代表什么呢？**大企业孵化IP，其实是买它的潜在价值。**做IP也不是简单地拍个电影写本小说就完了，得像三丽鸥公司一样，几十年如一日地去呵护、丰满Hello Kitty这个形象。百度、阿里巴巴、腾讯这些公司，当然知道IP不是万能的，但他们还是愿意花重金追求IP，其实是看重它的潜力。投资就是有风险的，这个风险对他们来说是可以承担的，而且最大的风险不是购买IP，而是后期的操作。好比一栋房子，IP只是粗糙地打了个基础，公司看中的可能是它的蓝图，也可能只是它的地理位置。实际房子卖得怎么样，还得看房地产商最终盖得如何，以及提供什么样的增值服务。

再有一点，你看到的IP热现在大多集中在影视领域。简单来说，就是影视公司出钱，买了小说之类的文学作品的版权，改编成电影、电视剧。这不是不好，这种方式能赋予文学作品另一种形式的魅力，而且早已有之。

然而，影视领域涌出的IP热，一方面反映了中国电影市场在四年时间里，从100亿元迅速扩展到300亿元之后，对故事大量且高速的渴求。**另一方面反映的则是影视业缺乏真正原创的好故事，才让IP热成为文学圈向影视圈输血的一个通道。**

当然，这个通道刚开始是管用的。大家很熟悉的电影《失恋33天》就是改编自网络小说，票房突破3.5亿元，原著作者自己主动跨过了IP的桥梁，还成为《滚蛋吧！肿瘤君》的编剧。宫斗戏的经典《后宫·甄嬛传》也是改编自网络小说，现在已经成了很多电视台的保留剧目，配套的漫画、戏曲、游戏也深受女性朋友们的欢迎。

但观众的口味是很刁钻的，后面一连串跟风的IP操作就非常不走心。2015年五一劳动节放假的时候，我听说很多人都去看电影了，结果被《何以笙箫默》《左耳》《万物生长》这些IP电影连番轰炸，出来就吐槽流量明星和不走心的改编。在这之后，买IP还是大公司的常规项目，但观众对IP的热情已开始逐渐降温了。

这种"明知IP不万能还追IP"的行为，在行为金融学上，有一个关于投资的分析，对其有很好的解释。它认为，**人的投资决策取决于两点，一是情绪，二是推理。人们对IP的期待，实际上就是"情绪+推理"。**

从情绪上来讲，大家最容易被"控制错觉定律"欺骗，认为自己积极地选择了一个IP，还对改编IP这个任务很熟悉、很了解，在操作过程中公司也会全程参与，所以自己就能控制结果的走向，充满了乐观的情绪。从推理上说，这些公司看到了中外成功的IP操作先例，也能够承担IP失败的风险，或者说乐于冒险，对国内的影视产业链相当了解，自认为已经算好了每一步。**二者一叠加，风险肯定是有的，但盈利的冲动和推动力更大，所以这些公司依然做着大家眼中"明知不可为而为之"的事。**

总而言之，IP不是个容易操作的东西，跟我们盖房子、种树一样，买下版权只不过是最简单的第一步，之后的细心照顾和塑造，才是能让IP真正变成摇钱树的成功秘诀。

说到这儿，我想起了十几年前我和特朗普的公司洽谈合作的事。当时他公司的首席执行官说，要合作，得先交500万美金。那时候，他的公司已经把特朗普当作IP来经营了，过了十多年，回过头来看，现在的特朗普岂止是500万。所以说，做IP，终归还是一门投资，心急吃不了热豆腐。咱得追求理想，顺便赚钱，别太着急。

18

投资是在不确定中寻找确定

之前我们曾说，如果我们把市场经济的竞争比作奥运会的一个赛场，要想达到比赛的要求，就必须得有一套管理规则，才能从业余选手逐渐演变成职业选手。这是从创业者的角度出发。现在，我们再通过曾经参与投资的经历，看一下投资这件事的本质。

我们有一个经历非常有趣。在《中华人民共和国公司法》颁布的1993年，田溯宁、丁健在美国留学期间创办了一家网络公司，名字叫亚信科技控股有限公司（AsiaInfo）。最开始的时候，就三五个人，有几台电脑。

那个时候，美国万通的董事长是王功权。在功权的主导下，以及美国公司的总经理刘亚东的积极推动、协调下，美国万通给亚信科技投资25万美金，大概占股8%，成为亚信科技最早的投资方。

投完之后，刘亚东自己也离开了美国万通，加入了亚信，之后亚信回国成立了亚信科技（中国）有限公司。

1995年，中国还没有拨号上网，中国电信计划通过美国的斯普林特公司（Sprint）开通两条64K的专线，一条在北京，另一条在上海，这是中国最早的工作互联网。亚信科技拿到了这张订单，此后的几年里，亚信科技在国内没有可比的竞争对手。他们在国内不断攻城略地，先后承建了近千项大型互联网项目，因此被市场传颂为中国网络的主建筑师。

之后亚信再融资，要我们参加，田溯宁就问我们："每股17块钱，你买不买？如果你买得多还可以控股。"后来他又说："你要是不愿意控股，那我们就得找别的投资人。如果老外要投资，他要控股又不想结构太复杂。你们愿不愿意把你们的股份卖出来？我们给你回收了。"

我们当时算了一下。投了二十几万美金，如果卖掉翻一倍，就是50万，也不错。如果再投资，17块钱有点贵，而且有点不够哥们儿，怎么就出了17块钱一股呢？我们当时真的是不懂，也不知道他是怎么算的，但就是觉得不舒服。早些年，我们投资，又在国内帮助做协调，做支持，最后却这么贵卖给我们？所以我们非常犹豫，最后放弃了这个机会，不要了，就真的给卖了。

卖了之后我们当时还挺高兴，反正赚了钱了。没想到，1999年亚信在美国上市，我们才发现这个股份卖得太亏了。如果不卖，这个时候至少也得一亿美金。这件事给了我们一个很大的震动，后来才明白天使投资到底是怎么回事儿。投资居然还有这样的算账方法，还有这样的投法，还有这样的回报方法？这是让我们印象深刻的一次经历。

之后功权就专门负责我们的投资。他在美国万通的时候就和IDG合作，最多的时候，IDG在中国主要的合伙人几乎都是美国万通的同事。不久我们就遇到马云创办阿里。

当时阿里也在融资，王功权就去跟马云谈。功权谈回来以后我就问他，电子商务在中国行不行？功权非常确定地说，不行。他说中国的电商肯定做不起来，原因有三点：第一，物流不行，中国没有物流；第二，结算存在障碍，也没有个人信用；第三，互联网人数基数太少，当时整个中国上网的人也就600万人。所以功权和马云谈了半天，最后放弃了投资。现在看来，这次放弃所导致的损失又不知道比亚信大了多少倍。

我相信功权和当时所有的投资者都没有想到，中国能够用自行车、电驴、电动车这些土法把物流发展起来，互联网人口也居然可以用这么快的速度增长到几亿。而且马云用支付宝又把结算的问题解决了，就这样，电商迅速发展起来。

可见投资就是这样。有时候，我们没办法以现在的情形去判断过去的选择，原因就在于当时你对未来的走向判断其实是错误的，也就是说，你没有找到一个心里面正确的确定性。就像马云常常说到的，因为相信，所以看见。你相信未来某一个确定性，这是你自己的判断，而投资者相信的确定性不是这个，他就不会投资你，他会投另外的东西。所有的投资失误都在于，对于未来确定的东西，你认为是不确定的，也就是说，你偏离了事物最终出现的真实的确定性，你跑偏了。由此也能看到，投资这件事本身就充满了很多不确定性。

而投资的本质，就是要在不确定性当中找确定性，做到因为相信，所以看见。 你看见的那个确定性跟一般人看见的确定性是完全不同的，因为一般人是因为看见，所以相信。因此，好的投资一定是超前的，是在投未来，是投那种别人认为不确定而你认为是确定的一个前途。

在投资中能找到的确定性越多，赢面就越大，投资成功的可能性就越高。但是在找到确定性的过程中，就是在赌各种变量因素的组合，以及赌未来你心目中的那个确定性会不会出现，这个过程跟赌博非常相似。

因为确定性的不同，所以投资、资本就分成不同的投资资金、投资方法，且会投到不同的领域。

早期的投资，天使阶段不确定性最大，只有一件事是确定的，就是这个人是确定的，除此之外，其他都是变量。很难去谈那些商业计划当中的具体细节，但是往往早期投资就是投人。

那人怎么就确定了？就是他的价值观、本性、愿景、人格，他对这个使命的理解，他对自己商业的理解，以及商业逻辑这些东西都是确定的。所以早期投资就是投靠谱的人，让靠谱的人把事做靠谱了。

天使阶段过了，到了A轮以后的融资，往往更多的就是要看数据、牌照，看团队，看增长，看"护城河"和商业模式，等等。也就是说，除了人以外，要多看一点其他能确定的东西。

投资的阶段越往后，确定性就越多。确定性越多，当然价钱就越贵，这也是公平的。所以投资就是依据确定性给一个公司、一个项目做估值。确定性越少的时候，估值当然就越低，确定性越大的时候，估值当然越高。

就我这么多年观察来看，大概做投资的有四种人，或者说，有四类投资者很有意思。他们在寻找确定性的时候，所找到的确定性是不一样的，获得的回报也不一样。

第一类，是对社会规律、财富分配规律、财富转移规律、制度变迁规律、人性、历史、行业等有深刻洞见的人。他们能充分认识到在一个阶段、一种体制、一种人性下，财富转移的规律，研究的是制度变迁、财富转移的大规律和大确定性，接近于哲学研究。

这类人对人生有独特的看法，且他认识的规律越大，看的时间、历史越长，他的认识就越深刻，对这种必然性就越确定，所以他下手也就越重。比如说巴菲特所谓的价值投资、长期持有，他坚持最大的确定性，也就是必然性，我们称之为逻辑事物的历史必然性。所以他往往投了就持有很长时间，十年、二十年、三十年甚至更长。国内的高瓴资本实际上也是用这样一种投资方法。

第二类，他们对这种大的确定性不太相信，或者说他不太研究，不太擅长，只是觉得可以参考。他们认为更重要的，是行业、赛道、技术，是投资分析这套技术，以及商务条款的设计，等等。这些关注技术性的人，大多是从欧美回来的，原来在投行工作，或者曾经是职业基金管理人，他们就喜欢技术这种确定性。在技术上做到极致，在商务条款、商业判断和对未来行业的研究上做到极致。

这类投资，相对来说，持有时间没有第一种长，回报有时候也不如第一种高，但是成功的概率非常大。比如像红杉等一些投资机构，在这方面做得非常好，是国内投资领域其他投资者难以望其项背的投资机构。

第三类则是靠着一些特别资源。比如说有特别牌照，有地方政府支持，或者说未来有可能把股变成债，或者是有一个兜底，等等。这种确定性是资源的确定性，也就是靠一些在商业模式上依托于某些独特的相对垄断的条件确定性来做投资，依托于跟政府的关系，依托于某些资源垄断。

这类投资往往有成功的机会，但是回报不如第一种和第二种高，有时候也会随着政府的政策变化、人员变化而无法达到预期。比如说，现在很多地方政府所谓的产业基金、引导基金往往是这种投法。他们把不确定性都放在政府关系和垄断性资源以及牌照，还有兜底上，所以相对来说回报低一点，是一种相对偷懒的办法。

当然还有第四类，就是跟风的人。有一些小基金或者管理人不太专业，技术上也不行，特别资源也没有。更没有对社会、体制、历史的深刻认识，只是跟风找关系，投机凭运气，这种投资绝大部分都成功不了。因为他没有一件事是确定的：消息是听说的，关系是脆弱的，牌照是不稳定的，技术是不全面的，而且跟被投资项目谈判也没有任何优势，所以好的项目也到不了他手里。市场上我们能看到的，很多都是这类人。

所以，投资的输赢就是按照这个规律来变化的。在不确定中找到一个确定，找到一个别人不相信而你相信的独一无二的确定。因为相信，所以看见。或者是第二类，我们能够对某一个行业有绝对深刻的研究，全面、精确的计算，还有很好的商务结构安排，以及商业模式的确定、赛道上的优先。否则，像是第三、四类，我认为成功率非常低。这就是我看到的，在投资当中有趣、有规律性的东西。

19

电影这门生意，比你想象的复杂

说起电影，大家都觉得这是门艺术，哪怕是商业电影，大家也不会把它和卖水、卖衣服这样的生意联系起来。事实上，**电影首先是工业，其次才是一门艺术。所以，电影的商品属性是毋庸置疑的。**

1829年，比利时物理学家约瑟夫·普拉托发现，一个东西从人的眼前消失后，它的形象还会在人的视网膜上停留一段时间，这种现象叫作"视觉暂留现象"。这个视觉暂留有什么用呢？很多人小时候都玩过"手翻书"，就是很多张人物动作连续的图画，装订在一起，哗啦哗啦一翻，看起来就像人物在动，这就是视觉暂留原理的简单应用。

普拉托提出这个原理之后，照相机被发明出来了。人们能很快得到现实世界的影像，不用再一笔一画地画画了，于是就有人想做真人版的手翻书。在1888年的时候，法国人路易斯·普林斯就干了这件事，他用摄像机和纸质胶片拍了两段只有一两秒的动态视频，还把摄影和投影结合起来便于展示。

后来爱迪生进入了电影领域，并迅速申请了16项专利，一部电影从制作、发行到放映都要经过爱迪生的电影专利公司。

为什么爱迪生要花这么大的力气研究电影专利呢？原来从1905年开始，电影院就在美国遍地开花。一张电影票不贵，只要五美分，因此看电影成了一项流行的娱乐活动。五年之后，美国每年能生产400多部电影，每个星期就有3600万人次冲进电影院。想想看，一星期就有180万美元。这在当时是什么概念呢？要知道，当时的福特卖得最好的一款T型车一辆才260美元，福特要卖6900多辆车才能赶得上电影产业一周的收入。可见从一开始，电影就是一门受众广、流水大的好生意。

爱迪生的确很有生意头脑。他一申请专利，所有拍电影、放电影的人都得按照《专利法》的要求给他一笔专利费，于是他就变成了躺着收钱的主。

不过专利费实在有点高，而且爱迪生把电影技术申请成为专利这件事也让很多人不高兴，这样一来，有一些手头紧又想做电影的人，为了躲避专利费，就跑到美国西南部一个和墨西哥很近的小镇去拍电影。

这个荒芜的小镇就叫好莱坞。好莱坞出名的只有一个硕大的柑橘庄园和充足的阳光。对于习惯从无到有创造一切的电影人来说，好莱坞的荒芜根本不是问题，取景、造景反倒更便宜。于是好莱坞生产了第一部电影《她的印第安英雄》。这部电影上映之后，美国的电影人蜂拥而至。

从1912年起，好莱坞迎来了一大堆电影公司，拍出了很多经典电影，比如《蜘蛛侠》《蝙蝠侠》《侏罗纪世界》《教父》。虽然它们被统称为好莱坞电影，但背后是米高梅、派拉蒙、21世纪福克斯等大公司在操作。这些大大小小的公司彼此竞争，贡献出我们所能看到的电影生意最全面的运作机制。

做出一部电影需要什么呢？资本、制作、发行、院线、电视与新媒体的再传播，以及电影文创周边的产品开发，等等。这些东西隐藏在一部总共两小时左右的电影里，大家只能在片尾几分钟的字幕里看出端倪。

举个大家都熟悉的例子。2018年有一部现象级的电影《我不是药神》，观众的评价都很好。除了对导演文牧野、演员徐峥和王传君的称赞之外，很少有人注意到片尾长达3分钟的职员表，其中涉及30多家公司，不仅有中国的公司，还有印度的公司。

相比较而言，在喜欢用特效大场面的好莱坞，电影的投资往往更加惊人。比如1997年拍摄的《泰坦尼克号》就花了两亿美元。这样动辄几千万美元、上亿美元的投资，没有一家公司愿意单独承担，所以就出现"投资一部电影和组建一家新公司一样"，大家各自出钱,按照投资比例来分票房收入。如果还要控制风险,那就有做完片担保的公司出来对电影的成本进行控制。

虽然电影产业发展到现在已经100多年了,但它的潜力刚刚爆发出来,聪明的资本争先恐后地涌入电影业。不过,怎么投资,投资什么电影,又是一门很大的学问了。

和我们常见的投资实业有所不同,电影是很难做出准确的市场调研的一门生意。好莱坞拥有最著名、最成功的电影产业链,甚至总结出了十多种叙事结构,精确地设置了每个冲突的爆发点、爆发时间。即便如此,好莱坞也不乏票房失败的动作片,比如说《亚瑟王》拍摄就花了1.7亿美金,最终在北美只获得了3900万美元的票房,投资回报比不足22%。

除了对投资环节的复杂考量,电影产业的制作也大有讲究。现在的技术越来越发达,电影画面上能做的功夫也越来越多了。在卡梅隆用全球票房史上的冠军电影《阿凡达》打开了特效电影的财富之门之后,全世界涌现出了形形色色的技术很强的制作公司,各个国家也都意识到了这一点。尤其是美国的邻居加拿大,从20世纪90年代起就发布了很多利好的政策,以便吸引好莱坞电影产业转移到加拿大去。

对于一部电影来说,决定它票房最重要的因素,不是有什么明星参演,也不是导演是谁、剧本好不好,而是它的排片量到底怎么样。因为电影是需要场所放映的,如果电影院不给这个机会,电影再好也没有办法放上大银幕，从而获得更多的口碑和金钱收入。

2016年有一部电影《百鸟朝凤》，电影好不好另说，它的制片人为了让电影院多排几场片，不惜直播下跪。所以，发行和排片对于一部电影背后的投资人、制片方来说可能是最大的挑战。同一时期的电影很多，怎么去竞争这个有限的时间和资源，就是电影这门生意很值得研究的内容。这也是为什么好莱坞是制片人中心制，而不是导演中心制，因为大部分电影是以营利为导向的商业片。从这方面来看，好莱坞的发行控制力仍然是全球最厉害的，在新闻集团、索尼、环球影业这些巨头手中，它们不仅在生产大量电影，同时还拥有最成熟的发行体制，不管电影质量如何，总能占据主流院线的"半壁江山"。搞定了发行和排片，就相当于扼住了电影票房的喉咙。

总而言之，从电影诞生开始，它就有了天然的商品属性和娱乐消费属性。对于一部电影而言，如果我们把它放在整个电影工业这个体系中，它就是一个产品。从源头到票房都能够追溯和分析，每一个环节都十分清晰，即使复杂也完全能够驾驭。对于观众而言，更容易看到的是它艺术的一面，感受到的也是它带给人的欢乐和思考，也许这就是电影的魅力所在吧。

20

超级碗建立了最好的商业赛事模式

美国人也有春晚,超级碗,也就是美国国家橄榄球联盟的年度冠军赛。一般在每年一月的最后一个星期天,或者二月的第一个星期天举行,那一天也被称为超级碗星期天。

超级碗之所以能成为美国人的春晚,主要有两个原因。

第一,看的人多。光是美国境内,就有超过一亿人收看,收视率总是高于40%。

第二,社会认可度高。美国明星们以登上超级碗舞台表演为荣,大公司往往耗资数百万美元,只为了在台上出现三五十秒。

虽然最近两年,超级碗也和春晚一样,面临口碑和收视率的双重压力,但不可否认,超级碗所代表的,不仅是美式橄榄球竞技的最高荣誉,还是目前为止最好的一种商业赛事模式。

超级碗到底是一种怎样的商业模式？为什么能这么成功？

其实超级碗做的事挺简单。第一点，做好自己的本分。作为国家橄榄球联盟的年度冠军赛，超级碗最要紧的事情就是把比赛办好。1970年，美国美式橄榄球联盟和国家橄榄球联盟决定合并，但是有个条件，就是当年两个联盟的冠军必须再战一次，以便决出谁是真正的美式橄榄球世界冠军，这就是第一届超级碗。

之后，超级碗是怎么举办的呢？

首先球队要参加常规赛，联盟总共有32支球队，分成两个联会，每个联会又有四个分区，每个分区有四支球队。这些球队必须厮杀，常规赛结束后，八个分区的冠军以及剩余球队里成绩最好的四支球队就会进入季后赛，一共是12支队伍。这12支队伍再两两PK，最后剩下两支进入决赛，这场决赛也就是我们说的超级碗。

橄榄球比赛本身的规则相对简单，为了避免有球队钻空子，超级碗制定了非常严格、细致的比赛规则。细致到什么地步呢？连球员穿的球袜的高度都要规定清楚。在这种简单规则、复杂限制的背景下，超级碗就特别依赖战术。球队中有个位置叫四分位，负责这个位置的球员必须像一个真正的领导者一样，既负责策动，又负责串联全队进攻，头脑和体力都必须十分优秀。

说到这儿，大家是不是觉得超级碗是一门像国际象棋一样的脑力运动呢？不是的，超级碗的魅力还在于它看起来很暴力，因为防守方可以用擒抱的方式放倒攻击方。这种身体接触在足球、篮球这些运动中是很难看到的，球员很容易发生肢体碰撞，所以大家看橄榄球比赛的时候，总能发现他们都穿着很专业的防护工具。即便如此，比赛中也经常出现流血受伤的意外。从这点上看，橄榄球比赛和其他的竞技体育一样，把人的暴力性和野蛮特性在比赛中释放和削减，让人的破坏性本能通过赛场对抗来指向外界。

所以说，超级碗的比赛办得好，一方面是规则上尽善尽美，另一方面是它集竞技体育之大成，能让观众在观赛的时候深度参与。既有智慧的PK，又有暴力的宣泄，让现代人在法律和规则的界限内，找到了一个寄托和发泄的好地方。

说完了超级碗的竞赛特色，再来说说它的商业模式。

超级碗能成功的第二点，就在于它捏紧钱袋子，会赚钱，也会省钱。在美国，虽然大家都很关心政治，但在2016年，只有1.2亿人为参选总统投票，却有1.3亿人观看了当年的超级碗转播，这种火爆的人气持续了四十几年。带来的效果是，超级碗的广告竞价噌噌上涨。2005年，每30秒超级碗广告的报价是240万美元。2009年是300万美元，2019年则高达530万美元。奇怪的是，虽然广告报价节节攀升，超级碗的收视率却没有达到更高的节点，这种情况下，为什么商家还是愿意花大价钱投放在超级碗舞台上呢？

因为登上超级碗本身就是对品牌的极大肯定和宣传。2005年，美国《广告时代》杂志发起了一个调查，结果显示，有一半的观众看超级碗，主要是为了收看广告。而将近60%的人会在赛后的工作时间讨论超级碗广告，甚至很多人为了不错过广告，选择在比赛的时候去厕所。由于超级碗拥有一个极其庞大的观众群体，品牌方和广告公司常常为了几十秒钟的广告使出浑身解数，力求在这里播出有极强新鲜感、观赏性和吸引力的广告。基本上每个广告版本只会在节目上播一次。

除了广告，每一届超级碗都设置了12分钟的中场秀，邀请当时大红大紫的明星登场表演，像迈克尔·杰克逊、麦当娜、Lady Gaga都去过超级碗。

超级碗最会做生意的一点就在于，它一直坚持只邀请最火、最好的明星，反复排练确认演出内容，所以超级碗的中场秀质量很高。这些明星都把去超级碗当成一种荣誉，自愿不要出场费，无形中就给超级碗节省了一大笔钱，还帮超级碗拉来了更多观众。就这样，大舞台造就了高关注度，高关注度带来高要求，高要求又打造大舞台，一次次正循环过后，超级碗就成了广告界的奥斯卡和美国人喜闻乐见的春晚，开出30秒广告530万美元的天价也就理所当然了。

其实从超级碗的商业赛事模式中，大家能看出来，美国人是把泛娱乐化这套玩到了极致。因为体育赛事的精彩程度很容易让观众投入，从而把注意焦点引向娱乐和视觉享受。超级碗主打赛事加广告加明星的模式，就是给比赛竞争做了一把艺术加工，借广告公司曝光之力，裹上明星的糖衣喂给所有观众，这种方式紧紧地围绕着美国本土的传统文化和体育强项。也是在加深美国人对自己的身份认同。

除了刚才说的这两点，超级碗擅长做的另一件事，就是给球迷和观众人性化关怀。超级碗设置了很多细小、有趣的环节，比如球迷可以和明星球员的手模比大小，也可以参加模拟橄榄球比赛，还能留下签名和祝福。在2009年美国还陷在金融危机中的时候，那一届超级碗举办方就把当年获救的美航1549航班人员请到了现场，用全场唱国歌的形式给球队和观众鼓劲儿。

这些一点一滴的小事，让参与超级碗变成了一项极富文化意义的活动。由此可见，专业和商业要并驾齐驱，同时制造出超级碗这个广告界的奥斯卡和全美最火爆的赛事，需要的是球队日复一日地刻苦训练，以及组织方殚精竭虑地完善赛事的每一个细节。

我期待有一天，中国也能出现类似超级碗的体育赛事，让大家都能享受到这么愉快的赛事观看体验。

21

钻石暴利：商品如何教育消费者

前一段时间我看到一段新闻，中国兵器工业集团下属的一家钻石公司，用人工合成的办法，做出了大颗粒的首饰用钻石。

我们都知道，以前钻石都是天然的矿产，从地里开采出来，然后切割、加工，再拿出来售卖，价格都比较高。现在，宝石级的钻石都能人工合成了，就有人评论说，不仅钻石价格会下降，整个行业也可能被颠覆。

"钻石恒久远，一颗永流传。"从某种意义上说，这是史上最成功的一句广告词。仔细想一想，钻石为什么能用来代表长久永恒的爱情呢？这是一个非常有趣的故事。

我们先来聊一下钻石。

宝石有很多种，像我们中国人最喜爱的玉石、翡翠，还有水晶，都算是宝石。钻石其实也是众多宝石中的一种。钻石按功用分，有工业钻和首饰钻。按来源分，又有天然钻石和人工钻石两种。

在200多年以前，只有在印度河流域和巴西丛林中能找到钻石，产量也非常稀少。直到1870年，南非发现了巨大的钻石矿，其产量才从每年几公斤直接涨到了以吨来计算。

本来市场经济运行的一个基本原则就是"稀有者价高"，也就是稀缺性决定价格。产量一旦稀缺，如果不增加的话，它的价格就一直涨上去。只有产量增加了，价格才会往下走。产量一下子变得这么高，原来拥有南非矿石的英国投资人，开始担心价格暴跌。这时候，一家名为戴比尔斯的公司成立了。它通过不断合并钻石矿产的个体老板，逐渐成为最大的钻石贸易公司，控制了全球钻石交易。最高的时候，戴比尔斯掌控了市场90%的交易量。因为垄断，这家公司控制住了市场的销量以及定价权。换句话说，钻石价格的多少，基本取决于这家公司希望赚多少钱。

你可能会问，难道就没有别的矿？没有别的产量了？有是有，比如在20世纪80年代，苏联就在西伯利亚地区发现了一座比南非产量更大的钻石矿，随后大批量的碎钻进入市场。戴比尔斯公司当然要慌，马上开出各种优惠条件，同苏联人合作，并签署了长期协议，继续人为地压缩钻石产量。他们甚至会从分销商那里回购钻石，避免钻石被降价处理。钻石被控制在少数垄断企业手中，所以整个钻石行业的暴利可想而知。

就在这种高利润的驱使下，有些国家把开采矿石作为国民经济的支柱产业，甚至因为钻石资源的争夺，使得一些地方陷入持续的混战。几年前有一部电影叫《血钻》，讲的就是因为一颗极品的粉钻，引发的各种人性拷问。

2011年访华的南非副总统莫特兰蒂，面对央视采访时曾说，钻石只是人们虚荣心的产物，它只是碳而已。价格上涨并不是因为钻石会枯竭，而是人为造成的供不应求。即便如此，也抵抗不了几十年来戴比尔斯公司对整个钻石市场消费者的洗脑。在这个过程中，戴比尔斯公司一直将市场上的钻石价格牢牢地控制在自己手中，并且把钻石变成一个高价产品。

我们了解了戴比尔斯公司，那么我们再来看一看"钻石恒久远，一颗永流传"这句深入人心的广告词，它的含义到底是什么。

钻石原本是地球上普遍存在的碳晶体。近年科学研究发现，它在地球的深处有着几千万吨的量级，根本不是稀有物。戴比尔斯公司如何强化其稀有性呢？

首先是价格垄断。戴比尔斯公司让人认为钻石是不会贬值的。从20世纪30年代开始，钻石的价格基本稳步上升，确实没有大幅度波动。而且我们现在知道的关于钻石的各种评级、颜色、4C之类的标准，都是该公司为这个行业创造出来的概念。

其次，他们让钻石成为财富、权力和爱情的象征，并且通过大规模的广告宣传，使其成为一种被广泛接受的观念。20世纪大萧条时期，欧洲的钻石价格已经崩溃。在英国、法国，钻石被看作贵族的专属，只有美国和亚洲才是钻石未来的市场。所以，戴比尔斯公司指定广告公司为钻石塑造一个全新形象。广告公司不但提出了"钻石恒久远，一颗永流传"这句传遍世界的广告语，还在年轻的女性群体中广泛宣传，不断加深概念，让她们深信钻石戒指作为订婚戒指，是婚姻爱情里不可或缺的一环。他们找明星代言，做各种海报，发布钻石相关数据，让钻石和成功、高贵、浪漫、求爱等词联系在一起。之后，戴比尔斯公司又在1959年前后进军日本，所有的广告都让日本人认为钻石象征现代生活。这个形象推广最终也被证明非常成功。短短十几年，钻石就成为日本婚姻的标志，日本人长期以来只需要一碗米酒即可完成订婚的传统，就这样被打破了。

所以，营销史上也有一句话："商品服务消费者是中、低端的理念，商品教育消费者才是最高成就。"戴比尔斯公司就是把钻石营销这件事做到了极致。

开头我们讲到中国已经可以人工合成首饰用钻石，其实中国还是人造金刚石产量最高的国家，占全世界总产量的90%。只不过，之前的人造金刚石都被用来做工业用品，而不是做首饰。

20世纪50年代，美国通用电气的霍尔博士就制造出一堆碎钻。戴比尔斯公司自己也在进入人造钻石领域。因为与其让别人抢占这个市场，不如自己再继续垄断。

天然钻石价格确实很高，普通消费者最多也就是结婚时买一买，但人造钻石的价格，一克拉只需要几千块钱，和天然钻石的价格拉开了很多，而且预估全球人造钻石市场份额到2030年会达到10%。数十亿美元的大蛋糕，戴比尔斯公司是一定不想分给别人的。但在人造钻石领域，不像天然钻石，戴比尔斯公司并未拥有绝对的话语权。所以，他们希望自己也能进入这个领域，利用名气和价格优势挤垮对手。

有人认为人造宝石级钻石的出现，会让天然钻石失去市场和价格优势，但从现在的情况来看，两者也许面对的是不同的受众，互相的影响可能也就没那么大了。

22

美国房地产商的秘密

2019年是美国"9·11"事件18周年。自从本·拉登把世贸双子大楼"强拆"之后,全世界的人都很关心,怎样才能把这个美国标志性的建筑重建起来。

机缘巧合,我曾经参与到世贸重建中去。从2002年起我们开始研究,2003年着手起步,到目前,我们已经去了纽约50多次。除了这个项目,顺便还和当地的所有地产公司都有了接触,跑来跑去很累,但是发现了很多挺有趣的事。美国地产商有些不一样的玩法,这里就聊聊美国地产界的一些小秘密。

首先问大家一个问题,房地产公司有几类?按照中国大多数人的看法,国内只有一种房地产公司,叫"黑心开发商",当然这是调侃。总之,不管上市没上市,房地产公司都只是开发公司而已。

可是当我到美国，在谈到要找一个开发商做合作伙伴的时候，当地的朋友立马儿就推荐了七家公司。他们说，这可跟你们讲的开发公司不一样，因为这七家公司实际上分为三种类型。

第一种就是老资格、大家族的公司，舍得花本钱，自己出钱自己做，慢工出细活儿，品质有保证。

第二种是做不动产投资信托的。这些机构会雇一些专业经理人，然后有明确的KPI指标，每年都要分红，所以是批量化流水线作业，速度快，但是质量比起第一种略逊一筹，这是一种资产管理类的不动产公司。

第三种就很奇怪了，他们自己出很少的本金，拉一批人投资，和前面做信托的不一样，他们最后能吃下很大一部分利润，做出来的活儿既有速度又有质量，往往还挺有创意。他们挣钱更多的是靠本事，有很大的创造性，而且他们品牌擦得非常亮。

我对第三种公司很感兴趣。我就琢磨着，为什么会有人出钱让这种公司做事呢？我跑了其中一家给他出钱的公司去看了看。这家公司是一家金融公司，叫阿波罗投资管理公司（Apollo），专门给瑞联（Related）这家开发公司出钱。之所以看上瑞联，就在于瑞联给投资人的回报总是远高于平均值，而且它永远比其他公司更能赚钱、更有创意。因此，引得阿波罗这家公司不断地追逐它，倒贴给它钱。瑞联能做到平均回报高于25%甚至是30%，这是一件非常了不起的事。

市场竞争太激烈了，怎么能说服投资人给你钱呢？投资人又不"傻",让别人给你钱的唯一办法,就是用这笔钱创造更高的回报,让投资人和自己都能赚到大钱,这是一个正循环。你必须保证自己永远有充足的创意去折腾,然后保持高度的专业性,同时还有一些绝活儿,能够发现特别的利润空间,使投资人满载而归。

由此可见,即使在盖房子这种传统的行业里,美国人也能找到自己的独特办法,干出一些有意思还能保证自己利益的事情。创意、专业、手艺,这是我从这个"非主流"美国开发商身上学到的第一个小秘密。

美国房地产业已经发展了两百多年,中国才几十年。我们现在就像直接穿越,看到了中国房地产业未来可能的发展方向,觉得挺兴奋的。

我再来问大家第二个问题。一个自私的房地产商对这个社会是好还是坏呢?刚才我开了一个玩笑,说有人总给我们地产商戴帽子,说我们是"黑心"开发商。其实,黑心不黑心,就在于是不是唯利是图、忘了自己提供商品住宅的本分,光顾着损人利己了。

但大家冷静下来想想,在房地产的野蛮生长时代过去之后,那些名副其实的黑心开发商和做出正经商品房的开发商,早已有了明显的口碑差距。接下来打造品牌、拼口碑的时候,消费者们一下子就能够分出哪条是鱼、哪个是木、哪个是珍珠、哪个是烂石头。

我在参与世贸重建这个过程当中,其实就遇到了这么一个"自私但不黑心"的开发商,这也给了我一个小小的启示。

世贸中心原来的业主，大头是纽约和新泽西港务局，小头是一个私人家族——兆华斯坦地产公司。兆华斯坦地产公司拿到了两栋大厦的经营权，所以他们的利益是交织在一起的。有趣的是，或者说有疑问的是，在"9·11"之前几个月，兆华斯坦地产公司的创立者拉里·西尔弗斯坦（Larry Silverstein），居然鬼使神差地给世贸两栋楼买了一个恐怖主义保险。于是有人事后说，拉里会不会早就知道要发生"9·11"？这是他导演的？当然不可能，这是一个玩笑而已。

我也挺好奇，拉里为什么会这么做？在交流的时候，他顺便聊到了这件事情。他说，世贸其实在很早以前就发生过多起恐怖主义袭击事件，曾有极端分子放了炸弹，把世贸中心炸出过一个30米深的大洞。他在买断世贸的经营权之后，就一直筹划着要买保险，只是刚巧那时买了，没过几个月就发生了这件事。

给大楼买恐怖主义保险，这种保险方式在中国几乎没有太多人知道，但这在美国人眼里，是一个普遍的意识。他们风险意识很强，觉得什么时候都要控制好风险，即使是在一个非常小概率的空间内，如果能买到一个保险，也要用它来覆盖这样一个风险。

其实拉里最出名的事还不是买保险。而是"9·11"事件发生后不久，当全国都在悲痛的时候，他就开始忙着让保险公司给他理赔。为什么呢？因为在世贸中心成为废墟的时候，商户们是不会付租金给拉里的，拉里却要付租金给土地所有者。拉里的理赔要求也很"奇葩"，他要求保险公司赔他两倍，他说双子大厦是两栋楼,这两栋楼分别发生了一次撞击事件,所以是两次恐怖袭击,要加倍赔偿。

拉里按这个理赔要求去跟保险公司谈,一经媒体报道,大众都指责拉里冷血、自私,想发灾难财。拉里没有管舆论,仍坚持这个要求,最后庭审认为,保险公司只需正常赔付。理由也很有说服力,因为双子大厦虽然是两栋楼,但共用一个地基,而且政府把两次撞击都概括为"9·11"事件,所以只赔一次。

那拉里是怎么做的呢?他没有再去上诉,也没有管别人对他的指责,而是拿着钱把自己名下的7号楼重建了。其实7号楼算是被误伤,没全倒,拉里把这栋楼先建起来了。至于其他几栋,拉里迟迟不动,他说我也没有钱,希望政府出钱来重建,他干活儿来挣钱。

美国政府也没有办法,只好收回了拉里手里的1号楼和2号楼的重建资格。拉里的做法如果放在中国,肯定要被骂得狗血喷头,什么"自私自利""不顾全大局",甚至祖宗八代可能都会被骂到。

后来我去纽约的时候,接触到拉里这个"自私"的开发商,发现了另一面。比如拉里捐助了很多项目,包括各种公益慈善项目,也包括纽约大学的房地产学院。

拉里就是一个典型的美国开发商,他在"9·11"的时候似乎表现得既"冷血"又"自私",但在没有灾难的时候,他又很睿智,很有温情。开始我觉得有些矛盾,后来想想,其实他不过是恪守了一个商人的本分,保障自己的利益而已。保险赔付的钱,他有自己处置的权利,至于出资重建世贸1号楼和2号楼,也不是他百分之百的义务。他说自己没钱，把经营权、重建权交出去，也没有耽误政府出资重建的正事儿，不但合情也还合理，在法律上谁也拿他没办法。

一方水土养一方人，说到底，拉里和我们所认为的"黑心"开发商是不一样的。他自私，但也会做公益，他不为了一些虚头巴脑的名头损害自己的利益，是一个合格的商人。有人说美国人是天生的商人，亚当·斯密也说过交易是人类的天性，在认识拉里之后，我也在思考一个问题：作为一个商人，他和一个普通人到底有何区别？

都说商人逐利，其实人类就有趋利性，就像飞蛾有趋光性一样。不一样的是，作为人类，趋利是本性，但也会有理想，有追求。包括一些商人，也可以有崇高的使命感，可以让自己的生命升华，不虚此行。

像拉里这样的商人，他的人生准则就是抓住属于自己的每一分利益，绝不放弃应得的东西，这是他的选择，也是他的追求。就像我举的第一个例子，那个特别成功的开发商，他用源源不断的创意和专业技术，给投资人创造了巨大的利益，这是他的成功。同时他也创造了很多美好的建筑，达成了自己的使命。

美国房地产商人的技巧，其实都算不上是秘密。他们有保险意识，坚持利益，保持开放的头脑，随时随地学习，不断创新，这些东西我们今天也要学习，而且要把它们转化为我们的内在竞争力。我希望我们能成为终身学习者，从经历的每一件事情里，琢磨出一些有用的东西。不管是大用还是小用，能帮我们实现理想愿景的，都是好东西。

23

5G 加 IOT 将是超越互联网的巨大机会

我们生活在一个怎样的时代？它是好，是坏？事实上，这可能是最好的时代了。我们生活在今天，可以说运气非常好。

为什么？吴军博士曾在一次演讲中提到一组数据。中国大概有3400年的文字记载历史。纵观历史会发现，40年不打仗的和平建设时代，现在是唯一一个。而3400年有多长？大概是170代人。也就是说，你带上了祖宗170代的运气生活在了今天。而中国有那么多的贤明君主，那么多了不起的清官，那么多的丰功伟绩，到了汉朝末年的时候，人均GDP达到450美元。改革开放前是多少？购买力大约800美元。现在呢？将近1万美元。也就是说，古人历经2000年才从450美元走到800美元，而现在一代人的时间，就走到了1万美元。

这些进步，很大程度上要归功于科技。当下人们最关心的科技是什么？5G。吴军对5G加IOT的未来市场做过估计，到2030年最保守是3万亿~4万亿。这又是什么概念呢？今天日本的GDP是4.5万亿，也就是说，如果你抓住5G的机会，就几乎能做一个和日本的GDP相当的市场，比那些在互联网里创业的人，机会还要大很多。

我对科技的了解比较浅显，所以这里我主要分享一下吴军博士的见解。

吴军博士对科技了解得很透彻。他是计算机科学博士，人工智能、自然语言处理和网络搜索方面的专家，还写过一本有关科技变革的《全球科技通史》。他说，在影响人类文明进程的各种因素中，比如政治、军事、宗教、艺术、文化和哲学，为什么他最关注科技呢，因为它有个最大的特点：科技带来的进步是可以叠加的，带来的成功是可以复制的。有了科技，人类就能不断进步。

比如刚才提到，中国有很多贤明君主，他们为中国的经济进步做出了很大贡献。但是，历史上出一个唐太宗，过一阵他的影响力就没了。又出个宋太祖，过一阵影响力又没了。再出来个康熙皇帝，过一阵影响力再没了。所以吴军博士说，世界上其他的很多因素，就像过山车，一会儿上，一会儿下。昨天成功了，今天失败了，后天又成功，再过一天又失败了，功过相抵，发展不稳定。但是科技呢，它带来的发展是叠加式的。昨天成功了，今天成功，明天还成功。

除了在时间上叠加，还有空间上的叠加。举一个大帆船和蒸汽船的例子。在工业革命以前的大航海时代，大帆船是世界上的"高科技产品"。它又大又便宜，运费低还可靠。但是大帆船有个致命的弱点，无法逆风、逆流航行。后来有一个人叫富尔顿，发明了蒸汽船，在哈德逊河逆流而上，很快就打破了原来帆船的纪录。没出半个世纪，蒸汽船就取代了大帆船，成为全世界远洋航行的工具。

为什么蒸汽船能够赢大帆船？除了它本身的蒸汽机技术以外，最重要的原因是什么？是当时工业革命正好是机械革命，任何一项机械的进步都能帮助蒸汽船打败大帆船。所以这里的进步一个是时间上的叠加，也就是在前人基础上叠加进步。另一个就是空间上的叠加，把周围的进步都用到你身上，获得一个更大的进步。

回到未来5G加IOT的大市场上来。5G是怎么回事儿？5G的特点是万物互联，也就是说，所有东西都要联上网。其实在5G之前，计算机和通信行业人看这事有两个不同的角度。

按照吴军博士的介绍，计算机和通信行业人说我们经历了三代互联网。第一代是机器和机器联网，你一下班，一关机，你就离开网络了。第二代是人和人的联网，也就是移动互联网。第三代，就是所有东西，桌子、椅子、板凳、汽车等等，所有东西全部联网。那么这期间，设备的数量有多少？第一代到第二代，大概增加三四十亿。到了第三代，算上可穿戴设备、智能手表，最保守的估计也得500亿。好了，几百亿个设备要联网，那上网就有问题了，就需要一套新的网络系统。这是从计算机行业的角度论述。

新的网络系统，也就是4G不够用了，用5G。它绝不是单纯增加带宽和频率。因为频率越高，其绕过障碍物的能力就越差。这就需要把基站建得密一点。今天4G的基站大概是每两三公里一个，5G的话，可能需要每两三百米就建一个。也就是说，5G的基站密度是现在4G的一百倍。能带来什么好处呢？首先，频率高，传输速度快。其次，每隔两三百米就有一个基站，因此每一个的功率差别很大。《全球科技通史》里有一个判断技术发展的方法，即单位能量传输处理和存储信息的效率是否在不断提升。

所以，从通信行业的角度来讲，在3G、4G的时候，虽然基本上一个人家里的电话网是融合了，但通信网和互联网还是不融合的。比如，你在外面用手机流量，回家用Wi-Fi，这是两个不同的网络。而到了5G，当密度达到一定程度，家里可能就不需要装Wi-Fi了。这也促成了互联网和通信产业的融合。

那这个产业有多大？我们可以算一下这个受益者的数量。

首先，第一批受益者是那些做芯片和做操作系统的。旧的企业基因很难适应新的技术发展，因此会诞生一批新的企业。

第二拨受益者就是做设备的。第一代互联网是联想、戴尔等PC厂家。第二代是小米、华为、OPPO、vivo这一批。第三代是谁，还不知道。现在全世界互联网的市场在4500亿美元左右，谷歌一家占了1/3，加上百度、阿里巴巴、腾讯、脸书和亚马逊，占到80%多，这也是为什么中国互联网企业那么多，创业都不挣钱。因为就这么点儿市场，还被那几家大企业给瓜分了。那电信市场有多大？大概3.8万亿美元左右。所以这就是为什么vivo、华为、小米发展都很好，原因很简单，它们站在了大一个数量级的市场上。

IOT可以理解成第三代互联网，5G是第五代的通信网络，5G加上IOT，市场有多大？最保守估计是3万亿~4万亿美元，咱们平均算它3.5万亿美元。所以，你在这个市场中做事，只要做对，机会就很大，比在互联网里的创业者机会大得多。

最后总结一下，科技进步是一个可叠加的进步、可重复的成功，这是第一个特点。第二个特点是，它的发展趋势，是用最小的能量来获得最大的信息处理传输和存储。创业找方向，要找一个大市场。全世界互联网市场才4000多亿美元，还养了这么多大公司，那么未来呢？要学会抓住机会。

24

房地产未来的发展趋势

吴军博士说，第二代移动互联网的全球市场有4000亿美金。我算了一下中国房地产的市场，有20万亿。也就是说，中国房地产市场由于规模巨大出现了很多机会，也给大家实现梦想创造了条件。

吴军博士一直强调科技对人类发展的作用，在房地产业也是如此。技术给商业带来了无限可能性，而商业需求和谋利的动机，也促使技术进一步扩大其应用的广度和深度。

我先来说一下我对房地产的定义。在我看来，房地产是创造最具价值的固定的人造空间。第一，固定的人造空间。汽车、飞机，这是移动的人造空间，而房地产，是创造固定的人造空间。第二，有价值的人造空间。每一个空间都是要收费的，人不能白待在这个空间里，这就有了商业价值。

如何去创造这个价值呢？空间要如何收费，才能既达成经营目标，又满足人们的需要？这要从四个方面考虑。第一是地理位置，第二是管理，第三是金融财务，第四是房地产科技，这个赛道在20年前是没有的。这说明，从技术层面来研究跟房子的关系，将逐渐成为房地产投资开发运营的重点。

科技有三个方面的发明和应用，创造了我们的摩天大楼时代。

第一个技术，钢结构。原来建筑是木结构，质量没那么均匀，也不能保证时间持久。而钢结构带来了可能。今天所有的高层建筑、超高建筑，都是钢结构，而不是水泥。所以钢结构先解决了往上涨的一个支撑。

第二个技术，电梯。楼高了，人还要能快速上去，所以电梯很重要。

第三个技术，玻璃。你想，如果都是石头，怎么可能垒到100米，而且还是垂直垒。但玻璃是可以的，自重比较轻，透光。

所以，这三个技术使人类进入摩天大楼时代。现在，500米以下都是常规技术，500米以上有点挑战。正在运营的楼是哈利法塔，828米。正在建设中的吉达的楼1000米。在设计规划当中准备建的是多哈楼，1100米。还有不服气的阿布扎比，准备要打破这个纪录。

所以，只要我们人类向上生长的技术不停止，人类的居住空间、工作空间的生产就是无限的。从这个意义上来说，我们的土地就是无限的。

空间楼盖这么高，我们在里边找不着方向怎么办？生活质量不好怎么办？没关系，我们还有三个技术。

第一个技术是点对点通信。大家都知道北京有个大裤衩，里面同时就有几万人。如果没有手机，没有联系，你进去以后就晕了。点对点的通信，能保证人在复杂的空间里的有序活动。

第二个技术是新能源。有了新能源，我们在复杂空间里的享受是一样的，生存环境是一样的，光亮的密度和空气的密度都是一样的。所以这一点也是靠技术。

第三个技术是纳米材料。楼未来要建得越来越高，材料也要越来越轻，纳米材料应用使之成为可能。

房地产科技使空间运用形式也发生变化。

第一个变化是复合化使用。以前建筑的功能是单一的。住宅就是住宅，写字楼就是写字楼。现在，一个空间可以有多种功能，住宅除了自用，还可以租给别人，比如Airbnb、途家、小猪短租。而写字楼，现在是众创空间，把社交、娱乐、创业、办公、生活全放在一起。咖啡馆，也聚合了写作业、约会、倾诉、坐着看风景、谈商务等功能。这就是空间的复合化使用。

第二个变化是空间智能化。最简单的智能化就是人脸识别。你瞅一眼，门就开了，也不需要专门雇一个人看门了。以前缺文件，你得打发人去取，当天还不一定能拿到，现在，你可以从"云"里头调出来。今后，智能化的空间将成为一个习惯，它是标配，不是顶配。

第三是健康空间。这个空间不仅要智能化、高度复合化，还要健康，也就是依据空气、饮用水、光照、声音等等，一共7大类115个指标，来判断一个空间是否健康。

除此之外，马斯克说要把100万人弄到火星上去。火星只有半个地球大，地表的温度是-50℃，没有氧气，有二氧化碳。怎么整？现在房子也设计出来了，是个充气房子。也就是说，房地产最重要的就是研究技术，研究科技和我们之间的关系。只有这样，才能做好房地产生意，同时给大家提供更好地享受生活、创造事业的空间。

技术给商业带来了无限可能，而商业的需要和谋利的动机，会促使技术进一步扩大它的应用广度和深度。在这个过程当中，需要吴军博士说的叠加的进度，从而能缩短时间，更快地取得比前人更多的成功。

3

第三部分

用增长思维实现永续经营

25

少做决策才是上策

这么多年我时常出差,每年都要飞一百五六十次,多数时候,我都选择住在文华东方酒店。不光是因为这个酒店背后的主人和我关系密切,更关键的是,这个主人家的故事总是浮现在我脑海里,让我每一次在文华东方酒店下榻的时候,都觉得是在历史当中被滋润着、启发着。

文华东方酒店的主人是谁呢?就是我们读近代史的时候,经常会提到的英资企业——怡和洋行。之前我推荐过一本书叫《洋行之王:怡和与它的商业帝国》,讲的就是怡和集团历史兴衰的故事。

怡和集团其实有快两百年的历史了。它最早叫渣甸洋行,创办者是两位来自苏格兰的年轻人,威廉·渣甸和詹姆士·马地臣。就像今天年轻人的创业故事一样,这两个年轻人其实是学医的,在东印度公司贸易的大船上帮人看看病。时间长了，他们就发现，帮别人看病赚得太少，而在船上拉东西、做贸易，赚钱更多。于是，这两个年轻人就放弃了在船上做医生的工作，跳下船来上了岸，在广州开始创业，成立了渣甸洋行，也开始学着做贸易。

到了1841年香港开埠的初期，他们买下了香港第一块公开拍卖的土地，开始在香港置业，也就是今天的房地产业务。1843年，他们又在上海拍得一块土地。怡和洋行后来参与了内地很多的经济进程。直到1954年，怡和洋行才退出内地。

后来在香港，怡和洋行的事业在一位年轻人手里得到复生。这位年轻人当时只有20多岁，非常年轻，在香港以仅有的五千万港币继续他的生意，我们今天叫二次创业。直到1984年，他把公司的注册地点迁到了百慕大。这家企业算是鸦片战争前后在中国设立的一家很老的企业，并且一直延续到今天。

今天，它是全球500强企业，雇用40多万员工。旗下还有牛奶公司、文华酒店、美心快餐等。更重要的是，它在中环有七栋特别值钱的物业，包括中环的置地广场、证券广场等等。

这个主人家绵延了差不多200年的故事，一直都引发我很多的好奇。当年20多岁的年轻人，凯瑟克先生，如今已经快80岁了。我跟他有很多交流，每年夏天，我都会去他在伦敦附近的一个庄园住两天，跟他聊聊天。

在这个过程当中，有两件事情给我的印象特别深刻。

第一件事是，有一天，我和几个朋友一大早起来奔庄园去。一进门，老先生非常高兴，拿着两张纸，不紧不慢地指着其中一张说，今天我的市值超过了李嘉诚。他又指着另一张纸说，这是我十几年来的投资，每年的回报都超过了巴菲特。这"家伙"忒厉害了，于是我们坐下来和他慢慢聊，问他是怎么做到的。

我们聊了很多事，问到了背后的逻辑、故事、秘诀、方法。凯瑟克先生只说了简单的一句话，翻译成中文就是：**减少决策**。他缓缓地说，**我的经验就是，当你决策多的时候，事实上你失败更多**。因为你频繁地决策，你的信息不完全，且时间紧，会有很多盲点。另外，你进入很多新的领域，接受不必要的诱惑，都会导致失败。只有一直做那些没有停下来的事情，一点一点把它们完善好、修复好、整理好，才能创造最大的价值，而那些东一下、西一下的事情，挣不了什么大钱。

这真的是很值得思考的一个问题。我们都说巴菲特是价值投资，长期持有，其实也是减少决策。我们就问他，怎样减少决策？他讲了一个故事，算是对我们这个问题的回答。

在二十世纪六七十年代，怡和是英资，李嘉诚是华资。李嘉诚对香港置地资产一直有非常大的兴趣。于是在1978年和1988年分别发起了两次收购，但都没有成功。

1978年，李嘉诚看好九龙仓，开始吸纳它的股票，引来了股民的疯狂跟随。这时候，怡和正经历海外收购失利，所以就请汇丰银行出来当中间人，和李先生讲和，于是李先生就把自己手里九龙仓的股份以高价转卖给了包玉刚，这是第一次谈判的结果。

虽然李先生没有并购成功，怡和仍然失去了九龙仓，但从中赚了好几个亿，也不算太吃亏。这笔钱后来用来购买了香港置地的股票，并将香港置地归集到怡和的名下。因为时局的影响，香港的市场比较冷，怡和在大环境影响下也面临一些困难。这时候，李嘉诚又一次出手想要收购香港置地，这是怡和和李嘉诚以及其他华资财团进行的一次特别的较量，之后终于坐下来谈判，最终港资对怡和的狙击仍然以和谈收场。

怎么收场呢？这两个人签了一份特别有意思的合同。合同规定，李嘉诚每年减持1%，怡和每年增持1%，也就是说，怡和每年从李嘉诚手里收1%，李嘉诚每年转让1%的股份给怡和，但每年的价钱随行就市。这个合约要执行多少年呢，一共是26年，李嘉诚才彻底从香港置地退出。直到26年之后，怡和才重新控制了香港置地51%的股份。**做了一个决定，然后坚持26年，结果是什么呢？当然是双赢。**

由于香港置地每年有1%给了怡和，怡和从李嘉诚这儿拿到的股份就越来越多。他对企业管理投入的精力、资源和心力就越来越多，于是香港置地就越来越好。而李嘉诚每年卖1%，随行就市，也没吃亏，比一次卖掉要多赚很多钱。所以经过26年，香港置地的价值大大提升，而且拥有香港中环最核心地段最主要的物业。

做多好，还是做少好；快速地动好，还是安静地静好；连续朝一个方向积累好，还是四处出击好……对于一个企业家和商人来说，这些选择是每天都会碰到的。凯瑟克先生告诉我们的结论和巴菲特类似，就是减少决策。静比动好，少比多好，精细比粗放好，耐心是赢取财富最主要的法宝。

凯瑟克先生现在快80岁了，每天仍然去伦敦的办公室上班。既然要减少决策，为什么还要努力上班？这好像不太好理解。**老人家又说，虽然我不决策，但我还是要看看原来的决策能否沿着既定的方向持续地走，而不应该闭着眼睛睡大觉。市场的声音很多，你要去听一听、看一看，这也是很重要的。**我问他，市场应该怎么判断呢？有一天吃早饭的时候，他指了指身边的一个老朋友说，这位先生是香港股票交易所的第一任总经理。那一天老先生在看伦敦的《金融时报》，他把报纸放下来，抬起头看着我微笑地说了一句话："市场的鼻子很长。"

我觉得英国人的幽默很有意思。"市场的鼻子很长"，也就是说，市场上传达的信息要非常仔细地去闻、去把握，因为市场可以预知未来很久才可能发生的事情，而这段时间是很长的。市场的声音很多，你应该怎么做呢？老人家又说了一句非常经典的话："**用心倾听，朝相反方向做。**"

比如说，市场上很多媒体、分析师都在讲，国内的房地产价格越来越高，规模、成本、速度很重要，要快速周转、快速销售、快速拿地。按老先生的话说，就是用心倾听，但是要朝相反方向做。

怎么做呢？就是在住宅以外去持有那些最有价值的物业，用香港置地的话来讲，就是在最贵的地上建品质最好的物业，租给最有钱的人。这就是用心倾听，朝相反方向做。**结果证明，他们一次又一次朝相反方向做了以后，减少了决策，靠时间、耐心去争取最后的成功，而且是大成功。**

与此同时，差不多20多年前，我们六个年轻人也在北京做房地产。从做的数量来说，在北京CBD里有小一半的房子是我们六个人折腾的。我们分成了六个公司，又做了很多事情，房子的确盖了不少，面积有100万平方米的十倍还不止。可是我们得到的价值呢？我们做了卖，卖了做，不停地折腾，今天的价值可能还抵不上别人的十分之一。

由此我进一步体会到，在大市场发生变化的时候，应该吸取怡和洋行这些"老司机"的经验。老先生的这两句话值得我们反复玩味，时刻牢记，所以我复述一遍。

第一句话，当很多事情诱惑你的时候，一定要提醒自己减少决策。

第二句话，市场的鼻子很长，我们应该眼观六路，耳听八方。用心倾听，朝相反方向做，为人所不为，也用时间来证明你。

朝相反方向做，同时减少决策坚持下去，最终一定能够成功，这就是老先生告诉我的成功之道。

26

利润之后的利润，成本之前的成本

我们办企业、做生意，肯定是要把企业做好，让人生丰盛，不辜负时光。**在做生意的过程中，很重要的一点，就是在遇到问题时把人了解清楚，看清楚人的内心世界，他真正是怎么想的，也就是说，要看到人内心的真实想法。** 过去我们讲的"世事洞明，人情练达"，其实就是说要看懂人。

对一个人而言，看不见很惨；稍微好一点，眼睛看得见。但看得见不等于看得清，所以还要往前走一点，或者戴个眼镜，你就能看清了。看得清又不等于一定看得懂、看得明白，所以还要再努力一点，看明白，或者叫看透。

"看透"看的是什么呢？就是不仅看见、看清、看明白，关键是还看到了这个现象、这个人的本质，你把他看懂。比如我们看一个人，他对谁都笑，但你不知道他内心其实有苦楚，甚至有仇恨。

但他仍然可以微笑，这就是人的复杂之处，也是我们看世界最困难的地方。

我们公司曾经有一个美国员工，他很早以前就到了中国。当时我们有一家购物中心，因为他在美国是一个不错的经理，我们就请他来管这家购物中心。他工作了一段时间以后很困惑，因为没有太大成效。他就找到我，说要跟我聊一聊。我说有什么困难吗？他说："我发现所有人都在跟我笑，我不知道敌人在哪里。"这是他告诉我自己遇到最困难的事情。

我听完就乐了："在中国，看透人非常困难。的确，所有人都在跟你笑，伸手不打笑脸人。几乎所有人都会给你面子，当面都会跟你客气，而且微笑是最常见的一个表情。"而在美国就不这样。美国人相对直接，敌人在那儿，他一定要挑出来，而且一眼就能看出，他们会直接解决问题。所以这个美国人不知道敌人在哪里，就不能解决好问题。购物中心经营得不好，也不知道怎么办。这就是特别有趣的一个问题，给我留下的印象非常深刻。

这件事也说明，我们看见容易，看透难。举个例子。需要拜会对方公司的领导，如果是年轻人去，领导接待很热情，年轻人回来就会跟老板说："这事没问题，放心吧。"要是派个有经验的人去，即使跟领导一起吃了饭又喝了酒，回来他可能还是会琢磨到底有什么道道。中间这点差距，就是看透和看不透的差距。看透，就是永远能看到事物的背面和另一面；看见，只是看到表面的事情。

做企业难就难在这儿。"世事洞明，人情练达"，说到容易做到难。**在中国做企业，很多时候表现为跟人打交道，也就是懂人情世故。你得知道每一个眼神、一个动作后面意味着什么，而且中国人很害羞，很多观点不爱直说。**所以就需要积累一些经验，而且需要对人有深刻的了解。

不光是做生意，这种性格在很多方面都有表现，不会像其他一些地方或者一些民族那么直接。我有一次去越南，到钱柜KTV去唱歌。看到歌单上有一首歌的名字特别有意思，叫《你爱我的样子很中国》。问了当地的朋友才知道，它是说："你爱我，但是很磨叽，想说又不直说；你想有所表示，又不敢行动。"也就是说，中国人表达自己的观点不直接。**由于表达观点不直接，所以在日常交往过程中，会产生一些错觉，甚至是幻觉。**

在中国做生意，对懂得人情世故的要求变得特别高，如果不这样，就很难做成事情。之所以会这样，是因为我们做事，依靠的是人的系统，也就是关系系统，而不是靠法制系统。法制系统是确定的，而关系系统不确定，所以就需要拿捏得很准确。

比如说审批。在一些发达的市场，有一套流程，你照做就是了，不需要天天找领导去批。哪怕在我们国家的台湾地区，做生意都特简单。我曾经在台湾做过一个项目，遇到一点事，老不批，我就很着急。我跟那个合作伙伴说："这事不行，我赶紧过来，咱们得找人。"他说:"不用,你不用管,放着我来就好。"过了两天还没有动静,我说:"那不行,你赶紧找人,你不找我就找了。"他说:"冯先生,不用去,到了星期五,他要不给我批,我就骂他。"我说:"你骂他有什么用?你骂领导,你还活不活了?"这是咱们大陆人的心态。可是他一听就乐了,他说:"冯先生,没问题,你不用管。他要是不给我办,我就开听证会、开记者会骂他。因为我们的项目是合法合规的,他没有理由拖着不批。"果然,还没到星期五,批准的文件就挂到网上了。我觉得这买卖人可真牛。他们有一套法制和依法行政的系统,有媒体监督的系统,有确定性的系统,所以我这个伙伴,他才能那么笃定,才能那么有信心,也才那么有把握来处理那些事儿。

目前我们的状况是一些方面做得不够完善,变化很多。所以这种情况下,**就需要洞悉人性,洞悉别人只能看见但你能看透的事情。**光看透还不行,看透之后还要能把事情做到位。

比如说,做生意,追求利润,有的人很愿意"争",斤斤计较。卖一瓶饮料能挣十块钱,少那么一丁点,比如九块九,都不行。很多人都是这样。**但是你要做大生意、做得好,就应该学会"让"。**

"让"不是"送"。把钱都送给别人了,那不叫生意。我们讲的是让,就是不绝对,而是把赚多赚少相对地看,这样就能很快达成交易。比如上边讲的,不赚十块钱,九块五行不行?少赚一点点,九块行不行?这就是让一点。那么对方感觉到,占了你一点便宜，他也很开心。你也不用跟他拉拉扯扯，花很多时间。所以在我们公司，我强调"让"的文化。"让"的文化，就是要看到利润之后的利润，以及成本之前的成本。

什么是利润之后的利润呢？比如说，按照市场合理合法的标准，不做错事，我能赚十块钱。但是要赚到这十块钱，我可能要跟人谈两个礼拜才能谈成，这两个礼拜的成本，八块钱就出去了，内心还不愉快，又一块五没了，其实也就赚了五毛。而且别人觉得我这个人很"鸡贼"，这点事扯那么长时间，虽然达成交易了，他也不愿意再来找我了。于是换一个方法。我选择只赚八块，是什么结果呢？我让对方占了两块钱便宜，他有点小成就感，觉得打交道很舒服。以后一旦有机会，他第一时间还来找我，于是我可能两个礼拜做了三次生意，也就是二十四块钱。减去这两个礼拜的成本，八块钱，还剩十六块。所以，总体来算，这真要赚得多得多。

这个算账方法，就是不要把瞬间的得失绝对化。多那么点，少那么点，都可以。这样的话，大家都觉得跟我做生意很舒服。当所有人认为能占到便宜，都来找我的时候，我的机会就多了好几倍，也就多了很多条路。所以，我们注重的是交易的频次、交易的感觉，是交易的绝对利润。这次可能差一点，差得也不多，但是多交易一次不就都回来了吗？这就叫作利润之后的利润。

成本之前的成本是什么呢？就是高看人一眼，给人面子。我们以前也讲过，在中国做事情，当你给人面子的时候，往往交易也就达成了。**注重成本之前的成本，就一定会尊重别人，而当你很好**

地尊重了别人，别人就愿意跟你做生意。所以我们会发现，凡是会做生意的人，都特别会应酬。什么叫应酬呢？就是给别人面子，开车门让别人先上车，吃饭给别人夹个菜，这就叫给面子。很多时候，我们中国人为面子生存、为虚荣心存在，这是我们的一种文化基因。为什么有这样的文化？原因很复杂。我们必须记住，面子这件事很重要。

因为算的是利润之后的利润和成本之前的成本，所以跟别人谈生意，就不那么困难了。当然了，因为不计较，我们公司负责财务的同事，老觉得我让得有点快，让得有点多，有时候会对我产生一些抵触情绪，这也是很有意思的一个小插曲。

27

企业要像军队，用小成本完成大任务

熟悉我的朋友都知道，我对新加坡的印象非常好，挺喜欢这个地儿。去的次数多了，当然就对新加坡越来越了解。历史上，新加坡曾经先后被英国和日本殖民。二战后，还曾短暂地被并入马来西亚，直到1965年才实现了独立。

独立之前，新加坡作为英国的一块殖民地，除了现在的领土，还管理着一个千里之外的岛屿——圣诞岛。为什么叫这么个名字呢？1643年12月25日，也就是圣诞节的那天，一个叫威廉·迈纳斯的英国船长，在印度洋发现了一个面积约130平方公里的小岛，便随口取了个"圣诞岛"的名字，标注在地图上。两个世纪以后，圣诞岛成为英国的殖民地。直到1900年，圣诞岛又被并入英属海峡殖民地。

由于这个圣诞岛远离新加坡本土，反倒是离澳大利亚相对更近一点，有一定的军事和战略价值，于是就被澳大利亚盯上了。澳大利亚与英国经过一番协商或者说利益交换，1958年英国制定了《1958年圣诞岛法令》，把圣诞岛割让给了澳大利亚，新加坡获得290万英镑的赔偿。当时新加坡还没有独立，所以在这个事情上也没什么发言权。

由于曾经被新加坡管理了半个世纪，圣诞岛的居民多数是从新加坡移民过去的，而且主要是华人。即使到现在，圣诞岛上的居民大部分也是华人，差不多占岛上总人口的70%，岛上华人间通行的是广东话。岛上的气候是热带海洋性气候。树多、鸟多，盛产磷酸盐矿。过去开采磷酸盐矿是岛上的支柱型产业，随着磷酸盐矿的枯竭和生态环境的破坏，圣诞岛在近年来也开始发展旅游业。

我听说了这个挺有意思的小岛后，就和几个朋友一起去这个岛上转了一圈。这个岛留给我印象最深的，除了岛上有一些从阿富汗、伊拉克偷渡而来的难民以外，还有岛上的红螃蟹。

这种红螃蟹，在岛上到处都是。它的外壳特别硬、特别红。和大闸蟹之类的淡水螃蟹不一样，这种红螃蟹属于地生蟹，只有小螃蟹需要生活在海里，成年的红螃蟹则生活在雨林里。当地人告诉我，每年11月、12月，在圣诞岛正式进入雨季之后，红螃蟹就开始了一年一度的大迁徙。它们离开丛林中的巢穴，到海边进行交配和产卵，然后再回到热带雨林。迁徙的过程中，它们以每小时600~800米的速度前进，并依靠对大海温度的感知辨别方向。

如果拿一只红螃蟹仔细看，你会觉得它没什么特别的，壳还没大闸蟹大，螯看起来也没那么有力。但是成千上万只聚在一起，看上去像千军万马一样,场面非常震撼。由于灼热的天气、遥远的距离,以及其他动物的威胁,许多红螃蟹都会在迁徙途中死去,最终只有60%~70%的红螃蟹能够到达目的地。

在圣诞岛上存在着十几种螃蟹,个头儿最大、最凶猛的一种叫椰子蟹。椰子蟹可以活八十多岁,螃蟹壳能长到篮球那么大,而且螯特别尖利,能把汽车轮胎戳破,相当吓人。在红螃蟹集体迁徙的时候,椰子蟹会守在它们的必经之路上。就像非洲大草原上的动物迁徙时鳄鱼会守在它们的必经之地发动袭击一样,椰子蟹也会对红螃蟹发动袭击。这个时候椰子蟹虽然凶猛,但架不住红螃蟹多。有可能椰子蟹刚逮住一只病残的红螃蟹,身边已经跑掉了一百只健壮的红螃蟹。依靠着庞大的数量,在和椰子蟹的竞争中,红螃蟹始终没有输掉,并且维持了庞大的种群。在进化与对抗中,红螃蟹形成了这样一种生存策略。

不知为何,和大家说起这些红螃蟹时,我就想到了新闻中的"血汗工厂"。一个大厂房里密密麻麻全都是工人,大家聚精会神、埋头干活儿的样子,和狂奔中的红螃蟹何其类似。

在过去几十年里,不少民营企业里出现了一种和红螃蟹类似的组织形式。这种组织形式就是人们常说的"羊群式的组织"。羊群是分散的,活动范围由羊倌和头羊决定,就像红螃蟹遍布圣诞岛,但它们的生存范围是由岛屿的大小决定的。

在以前,采取羊群式组织的企业,往往和红螃蟹一样尝到甜头，单纯地通过人海战术，依靠人力成本的优势把企业做起来，甚至做得不小。就像红螃蟹一样，很快就能在圣诞岛上发展到数亿只的庞大规模。采取羊群式组织形式的企业，虽然群体数量庞大，但是也很脆弱。和红螃蟹一样，因为挖掘磷酸盐矿，生态环境曾经遭到破坏，红螃蟹的数量也一度大幅减少。

商业环境可比圣诞岛上的生态环境残酷得多。企业不能像红螃蟹一样，守着几千年的习性不变，**必须不断拓宽自己的边界，在保持自我优势的基础上，找到新的利润增长点。这其中，改变组织形式就很关键。**

我以前也讲过，传统的组织形式可以分为三类。

第一类是羊群式的组织。 采用这种组织形式，初期容易把规模做大，但内部结构脆弱，一旦遇到增长瓶颈就很麻烦，属于大而不强的类型。

第二类是树冠型组织。 过去不少家族企业喜欢采用这种组织形式，把管理的幅度尽可能缩小，让自己家族的人牢牢掌控着企业。这种组织形式的好处就在于对企业的掌控力很大，不好的地方在于过于封闭，依靠家族人才的培养，总是有局限性。

第三类是织物式组织。 织物就是做衣服的布料，不管怎么延伸，花纹都不变。这就是工业化、标准化带来的好处。但是这种连锁店式组织的扩张也遇上了线上购物的挑战，怎么解决标准化背后的供应链和成本问题，是织物式组织必须考虑的。

我在圣诞岛看到红螃蟹的时候，一方面是感叹大自然的神奇，另一方面听当地人介绍红螃蟹数量减少，我也觉得很感慨。因为这些生物都是凭着本能在生存，很难改变它们的行为模式，一旦外部环境发生变化，它们没法阻挡自己的消亡。我们做企业，可以不断去研究新物种、新事物、新的商业对传统的变革，去研究更新的组织形式，从各种事物中找寻一些借鉴。

那么，企业应该去哪些组织当中找到更新的灵感呢？我自己喜欢从军队里学习。

战争的对抗比商业的竞争更严酷。它是变动中的对抗，是你死我活的对抗，所以军队组织的变革比商业组织更具竞争性和超前性。而且现在的军队组织跟过去完全不一样了。工业革命时代的战争，飞机、大炮狂轰滥炸，战争模式是大规模、工业化、屠杀式的。现在变成了大后台、小前端、智能化、精确打击。

伊拉克战争期间，美国之所以很快就把萨达姆打蒙了，全世界也都看蒙了，其实就是一个变化，美军那时候使用的炸弹，80%都是智能炸弹。打仗的时候，美国用炸弹找伊拉克的坦克，而不是用坦克直接打坦克。这种变革导致军事组织变得后台系统越来越大，而前端越来越小。

而军事组织的变化，企业是可以借鉴的。因为未来商业模式在不断变化，越来越复杂。企业的组织形式只有不断变革，才能像军队一样，用最小的成本完成最多的任务，从而实现永续经营和持续增长。

28

经济形势低迷,如何逆势进阶

有报道说2019年经济下行,压力比较大。有人抱怨生意不好做,市场也不好,但是拿不定主意,到底应该在别人恐惧时贪婪一下呢,还是看着别人过去的贪婪,咱现在应该恐惧一点呢?是该进,还是该退?该停,还是该走?在这个时候,我们得有一个判断的方法。

"做事有度",这个"度",帮助我们理解做事的边界在哪儿,进退的尺度怎样把握。这在人生当中是一个小话题,但关乎你的大命运。

以房地产为例,过去20多年证明,在住宅市场销售情况不好的时候,房地产商拿地补仓,有时候是个好机会。这意味着你可以用更低的成本拿到地,等到市场升温的时候,你可以把产品卖出去,然后获得更高的收益。

做这样的决定，是需要冒风险的。因为你对未来的判断——市场什么时候回来，以什么方式回来，回到多高，并没有人能够准确地告诉你，你需要完全靠自己的经验、直觉去判断。

正因为这样，企业家也好，职业经理人也罢，我们在市场波动的时候，担负的责任都很大。你一个预判错了，可能接下来会有一系列失误，这样的话，公司将陷入难以自拔的苦难境地。

回想起来，在20世纪90年代初，我们在海南做房地产。那时候海南刚刚建设，每个人都充满了激情，充满了希望，两眼放光。在最初两年里，房子一天一个价，"芝麻开花节节高"，我们每天都忙不过来，都不想睡觉。彼此见面就会说："今天怎么样，赚钱了吗？"回答大多都是："不好意思，没留神我就赚钱了。"

其实那个时候海口人非常少，只有15万常住居民，还有一些外来人口，加起来三四十万。那么有多少公司呢？近两万家房地产公司。这么点人，这么多的公司，应该说是房地产公司密度最大的一个市场。

潘石屹做了一个计算。那个时候，海南人均住房面积已经达到了49平方米。与此同时，可对照的，北京人均住房面积是多少呢？7.4平方米。可见，在海口这样一个并不富裕、GDP只有几百美金、经常停电、没有红绿灯也没有交通规则的地方，人们炒的房子，已经接近人均50平方米了。这里拥有密度最大的、数量最多的房地产公司，这样一个不断吹起来的巨大泡沫，其实我们多数人并没有知觉，沉浸在每天的兴奋之中。甚至那时候，有些人就开始飘了、"嗨"了，张口闭口就是"天天过年，夜夜结婚，海口最好"。

这个时候，我们都在贪婪的路上快速地奔跑着。直到有一天，我回北京，碰到了一些朋友，他们告诉我，马上要出一个政策刺破这个泡沫，我才警醒过来，把账一算，觉得确实很吓人。于是，我赶紧跟小伙伴说收手，大家停下来，转移到海南以外。幸好我们比别人快了一点点，所以我们活下来了。时间差了多少呢？也就是半个月到一个月左右的时间。

有人常常会引用巴菲特的一句话："别人疯狂的时候我恐惧，别人恐惧的时候我贪婪。"这句话讲得很有哲理，喜欢这句话的人也很多，但能做到的人非常少。为什么呢？因为从做生意的角度来说，收手就意味着降低利润，要亏本，要斩仓，要停下来。所以有时候人是不忍的，这个不忍，内在的冲动，其实就是贪婪。

实际上，除了把握繁荣与萧条之间的转换节点非常重要之外，把握好政府、企业、市场这三个角色之间的关系，也有一个度的问题。这个度把握不好，就可能把企业做死了。从道理上讲似乎挺明白，但是让大家能理解透，很不容易。

有一次，和朋友喝了大酒，我把自己都喝倒了。喝倒之后，醒来，又想到这件事，刹那间想明白了。这个道理原来就像喝酒。

我们先说企业。企业每天在兴奋地追求发展、追求规模、追求速度的时候,就像喝酒一样,越喝越兴奋,越兴奋越喝。然后你就停不下来,而且越喝,越认为自己没醉。实际上就是一路狂奔,奔到危机的时候不承认危机,反而认为是更好的一个机会、更大的一个前程。

市场就好比是一家酒店,有很多可选择的酒,苦酒、甜酒、酸酒等等。市场提供一切的需求和可能,同时也提供各种诱惑你的机会。

而政府,就好比酒店的经理。政府就是要维持市场秩序,让大家又"嗨"又不打架。既能够喝到想喝的酒,又付得起钱,也就是说,既能够让大家找到快乐,又要让周边的人感觉到安全,这就是政府。所以,企业、市场和政府之间的关系,实际上就是酒徒、酒店和酒店经理之间的关系。

那么,问题出在哪儿呢?

对于喝酒的人而言,也就是对于企业来说,第一种也是最常见的喝大了的原因,就是不断地自我放纵。在这个过程中,麻痹自己的神经,让自己对周围的风险完全失去知觉。比如说,企业不断地快速发展、追求暴利,最后麻痹了,忘了企业不能承受之重,突然市场逆转,企业掉头向下就完蛋了。所以过分追求快乐,追求刺激,追求兴奋的享受,会麻痹自己对风险的感觉和对危机的预知。

第二种情况,喝酒的倒不疯也不兴奋,也没有那么狂,但是酒没有找对,喝了假酒。或者本来身体只能承受低度酒,却喝了烈酒。这也是说,一个企业,在寻找产品、商业模式,或者寻找经营场地、市场方向的时候，走错地了，找错人了，办错事了。这样你就会落入陷阱，即使没有喝大，也可能把身体搞坏，最后不想喝了，就把自己给憋回去了。

第三种情况就是被周围的人激的。有人来劝酒，有人来灌酒，结果把你逗起来以后，这些人就走了，然后你自己跌落到椅子下面，成为一个迷醉者、一个迷失者。

因此，企业要想不"喝大"，需要和对的人一块喝，找到对的酒，然后在身体还能承受的时候喝，而不要过分地追求一时的快乐。就好比一个理性喝酒的人，享受喝酒的过程，浅酌慢饮。在这样的情况下，喝酒是快乐的，而且不丧失清醒的判断，同时能够在和别人的谈话中得到滋养。

显然，平衡需要高超的艺术。不仅企业要通过经验和知识把握市场的度，关于市场和企业的运行，以及调整行为的政策，也需要政府去拿捏一个比较恰当的度，否则会让市场不知所措。

举个例子，海南决定建设自由岛之后，政府采取了限购房地产的政策。海南本身人非常少，来买房的大部分是外地的，所以这个限购，把外部市场需求遏制住了。当地住房、度假的市场出现一定程度的萎缩，而萎缩又给地方政府的税收带来了压力。

最近政府出了四五条政策，希望能够重新激活住宅的市场，但是与此同时，不解除限购。

如何平衡这个度，对政府来说，需要智慧，需要客观，需要理性,需要有预见性。

政府想让大家"喝好","换酒"的时候,可以给更多的选择,让市场保持活力。"白日放歌须纵酒"是一种快乐,但也要记得,悠着点喝,要掌握好度,让生命不仅灿烂,而且平安。

29

裁人还是被裁，都是新的机会

过去这段时间，我听到不少关于裁员的讨论，房地产、互联网、广告业、汽车业，很多企业都在裁员。面对经济下行的压力，企业生存艰难，为了活下去，裁员似乎成为一些企业的首选动作。

这股裁员的大潮几乎是和2018年的冬天一起到来的。根据招聘平台的数据，2018年第四季度，仅在IT、互联网行业，招聘职位的数量就比同期减少20%。到了2019年冬天，裁员的浪潮似乎还没有完全过去。对于企业而言，我觉得，面对困难或者大环境的变化，裁员并不见得是一个最好的选择。

应对危机，裁员是企业本能的反应，但这并不一定是最理想的。因为裁员只能缓解阵痛，这个时候，公司面对的不仅是人的问题，还有很多低效资产、很多战略上的失误，以及其他方面的因素。如果只埋怨人，盯在人身上，往往会掩盖企业在其他方面的失误。实际上，是整个战略错了，资产配置错了，才导致了个人的低效，相对地，才感觉人员冗余。

公司其实更需要反复检讨的是内部问题，包括自己的企业定位、战略、价值观、业务模式等等。在这个过程中，再来看哪些地方需要减人，哪些地方可以加人，哪些地方要减资产，哪些地方要加资产，哪些地方退，哪些地方进，而不是简单地裁人。在经济下行或者陷入低潮的时候，企业进行系统认真地检讨，用这种"犬牙交错"的方式来解决人员增减问题，才是聪明的办法。

所谓"犬牙交错"，就是有增有减。今天某项业务创新了，那么这个地方就应该增人，其他地方低效或者做错了，那就要减人。不应该从绝对数来考虑，一刀切地裁员，而应该是犬牙交错式的。通过应对行业变化、企业生命周期的变化，通过战略的检讨、产品的检讨和商业模式的检讨，来相应地做人员的调整。这才是企业面对危机时最有效的方法。

反观商业历史就会发现，全世界没有一家公司是通过简单地增减人员就把自己救活的。特别是管理者、领导者，在裁人的同时也需要把自己脑子里的旧战略、旧观念、旧方法一并裁掉。自己的观念改变了，才能配合人员的裁减来调整公司整体的业务方向，把公司从低谷中拉上来。

从企业来看，作为一个领导人，应该按照这样的顺序：先裁自己的脑瓜，再裁低效资产，再裁错误的产品，再裁错误的商业模式,最后裁人。这样才能救活自己。

那么裁员,对于那些被裁的职场人,是不是坏事儿呢?

在公司做出业务方向调整、人员增减变化,自己不得不离开公司的时候,有些人总是带着很多负面情绪,其实这是不必要的。公司裁减了人员,改变了业务方向,调整了商业模式,自己和这种调整发生了摩擦,离开只说明不适合,并不代表能力被否定,也不意味着自己就没有价值。这么想,你就有了出路。

正因为现在的公司不合适,你才应该去找一个适合你的公司。这就意味着你会从一个原有的表面繁荣的舒适区走出来,到一个真正能够让你跳得更高、有更好的起跳点和起跑点的场所,一个新的职场、一个新的战场,去进行下一轮的人生赛跑。一个人越是这样有积极的人生态度,就越能主动地参与到被选择或者自由选择的过程中去,就越有可能找到更好的发展机会,使自己的能力在更合适的地方发挥出来。

前一阵,我们一个公司的某位年轻员工要离职。他给我发了一条信息,讲了这个情况。我回复说:"你快点折腾吧。既然自己做出了选择,就要开心。选择就是放弃,放弃的目的是为了追求自由,所以加油。"

这么多年,以我的人生阅历来看,**市场中的人才主动选择其实是更重要的选择,被动的选择是其次甚至是等而下之的选择。**那些能够主动选择,哪怕是在公司的人员调整或者说裁员当中主动离开,甚至是炒掉老板自己出来折腾的人,更有机会成为赢家。

在人才市场当中,我们会看到两类人。一类是事业导向型,一类是收入导向、生活导向型,后者更关心家庭和其他个人因素。我们很希望看到员工是因为第一种原因选择工作,但是多数人因为第二种原因在不断地跳槽。他们往往会因为薪酬、人际关系等小环境原因,放弃一个可能更长远的发展机会。

第二类人通常会想,只要努力做到高管,拿到高薪,在公司稳定下来,人生就可以平顺地发展。这一类人往往跳槽频繁,而且没有太多的理由,一般就是因为工资诱惑。而事业导向型的员工,他们的价值倾向非常明显,且有坚定的目标和长期的稳定性。

当然,现在跟过去不一样。计划经济时期全国的城市都大同小异,你在哪儿买房都差不多。但是现在千差万别,选择去一些小城市,比如说在大理开一家小店,卖一些小东西,就意味着选择了一种截然不同的人生。所以跳槽这种选择,也不意味着就是失败。它其实是人生的另一个开始,这是很有意思的事。当然,我总是喜欢丧事当成喜事办,永远乐观。事实上也是,乐观的人才会有乐观的人生。

再说一个叫你更觉得开心或者释然的理由。我觉得在公司人员裁减的过程中,你能够获得更多的机会。其实随着城市的差异性发展,人们的生活态度会有很多细分,个性化也就越来越明显。很多人不停地切换城市、切换行业、切换人生选择，机会其实是越来越多的。也就是说，中国的发展，为更多的年轻人、中年人和一切有个性的人，提供了事业和生活上的更多可能性。

所以，你偶尔在某一家公司得到了一个机会，或者说失去了一个机会，并不能说明太多，更不意味着你在其他方面就没有发展的天地了。

比如说，现在人口流动性比较大，户籍制度也不像以前那么严格，交通又非常便利。一个人拿着部手机，就能订机票、订高铁票、订餐馆、订酒店，干什么都非常方便。这样一种方便实际上给我们市场、人生、城市、事业的转换甚至是朋友圈的转换都带来了很多的便利。在这样的情况下，被公司裁掉又怎么样呢？我把这叫作"偏离一步天地宽"，这还不叫"退"，只是"偏"一步。

总之，无论是公司裁人还是你被裁，都是一个机会。对公司来说，是从旧的泥潭里往上爬的一个机会，对个人而言，是一个新的人生选择的开始，是走向自己更满意的生活的一个机会，应该高兴才是。现在的社会给我们提供了一定的安全网，比如说社会福利和社会保障的安全网，还让人与人之间有了更多连接的点，而这些连接的点也给我们提供了更多的选择机会、更多的保障。

所以，当裁员潮来的时候，不要担心，更不要气馁。我们应该感谢老板、感谢公司，感谢你那个小小的上司，用这样的方式在培养你，给你机会以及一个新的未来。

30

做生意得有保险意识

俗话说："人无千日好，花无百日红。"不管是做生意，还是办企业、个人的生活，没有人敢打包票说自己一辈子不出状况，能够一帆风顺，不会遇到任何风险。

由于谁都不能保证自己不遇到意外，能够避免所有的风险，所以除了用各种办法，尽量避免不必要的麻烦之外，我们还需要有应对风险、降低损失的手段。而万一遇到问题怎么办呢？如何去降低损失？商业保险就是很好的方法。

作为一种保障机制，商业保险不仅可以分担一部分事故的损失，还对心理有某种抚慰的作用。

早在4000多年前，埃及修金字塔的石匠们，其实就有一种互助团体，用交付会费的方式来筹集收殓、安葬的资金。万一死了，连安葬自己的钱都没有怎么办呢？大家就每个人给团体交一点钱，万一有成员辞世，就用这钱来料理他的身后事。这样一种互助团体，可以起到共担风险的作用。

这种互助共济的文化，基本理念就是"一人为大家，大家为一人"。每一个加入互助团体的人，都面临同类风险，个人没法抵御，那么就出点钱加入互助团体。这种公摊风险的做法，就是初期的保险理念。

欧洲中世纪出现过很多类似的互助团体，一直延续到近代的欧美国家，很著名的有寡妇年金、长老会的牧师基金等等。

在中国的古代及近代，民间也有过类似的互助团体，比如长寿会、万寿兴隆寺的养老义会等等。光绪年间的"思豫堂"是当时当铺行业的一种互助保险组织，一旦有一家着火，思豫堂就会拿出其他人交的钱帮助解决善后的事。20世纪初成立了"裕善防险会"，这是鞋店组织的火灾保险互助组织。当时火灾频发，所以不同行业成立了不同的互助组织。

当然，这类共济互助的组织和现在的商业保险还略微不同。通常认为，现在的保险起源于海上的贸易。地中海地区在很早的时候就有了海上贸易，大约在三千年前，地中海上有一个小国的国王，为了保证海上贸易的正常进行，他制定了一部法律，规定某位货主遭受损失，由包括船主、所有该船货主在内的受益人共同分担，这是海上保险的一个起源。后来罗马人也有过类似的做法。

我们知道，海上贸易的利润很大，但是风险也很大，一些人为了造船或完成航程，往往需要以船舶为抵押，获取贷款。慢慢地，就形成了这样的一种商业惯例。如果完成航程，船东需要偿还贷款本息；如果船舶沉没，则债权取消，无须偿还贷款。这样航海的经济风险就转移到了放款人身上，由于船舶抵押贷款风险大，所以利息远比一般的贷款高，这个高出的部分，相当于后来的保险费。这种船舶抵押贷款制度，后来演化为海上保险。到了14~15世纪，随着航海技术的提高，海上贸易的发展，海上保险也获得了长足发展。

经过这么长时间的发展，除了海上保险、火灾保险、财产保险、人寿保险，其他各种形式的保险也都在逐渐完善，并最终发展为现代的保险业。

至于我们中国现代保险业的发展，历史也很曲折。1929年，太平保险有限公司在上海成立，其间它还在香港和东南亚地区设立了多家分支机构，这是我们国家早期的民族保险公司。

到了1949年10月，中国人民保险公司在北京成立，宣告了第一家全国性大型综合国有保险公司的诞生，这之后保险业在我国的发展逐步放缓，甚至一度中断。

改革开放以后，中国的保险业又发展起来，到今天已经取得了巨大的进步。2018年全年，全国的保险业原保险保费收入达到3.8万亿，相当于湖北省当年的GDP。从这也能看出，保险在现代人生活当中扮演着一个很重要的保障角色，在一些个案中，保险甚至能帮人在极端情况下保全财产。

之前我也讲过一个国外的例子。在"9·11"的时候，本·拉登把纽约下城最高的两栋楼给撞了。这两栋写字楼是1962年由纽约和新泽西港务局决定兴建的，地下权属于纽约和新泽西港务局，地上权属于当时投资的业主。

这个业主很有意思，在"9·11"前两个月，买了一个恐怖主义保险。事儿也就这么巧，经营虽然很困难，但是被本·拉登撞了以后，他获得的赔偿非常多。应该说坏事没有让他毁灭，反而让他复生。令人不解的是，恐怖主义保险，一般保险公司都不卖，所以有人就质疑，他怎么能买到这个保险呢？

这个犹太老板说，这栋大楼之前被汽车炸弹炸过，也闹过一两次事，所以他心里不踏实，于是想方设法买了这个恐怖主义保险。保险公司也做了调查，发现在1993年2月26日，世贸中心被极端分子在地下放置炸弹，导致6人死亡，1000余人受伤，还炸出一个30米的大洞。后来这个恐怖分子被判处240年的徒刑。保险公司了解到过去的经历之后，也同意卖给这个犹太老板这份恐怖主义保险。

买了保险以后就被撞，撞了以后就拿到了赔偿，结果还没怎么经营，他直接就拿了钱去建新楼了。现在新的世贸中心也建起来了，而且租金很高，价值也有增长，这就是保险公司在中间起了一个巨大的托底和保全的作用。

由此可见，保险对于规避风险、保全资产有着非常重要的作用,具备保险意识很重要。每做一个项目、每做一件事情,都要去评估,然后尽可能地控制风险。覆盖不了的地方,可以借助商业保险,这也是做生意、做企业必须有的风险意识和自觉。

"9·11"对犹太老板是个好事,对保险公司而言,是一场灾难。因为它不仅要面临巨大的赔付,可能公司都要破产。仅"9·11"事后这一周以内,最大的保险公司AIG一下就赔了5亿美金,第二大的寿险大都会赔了3亿美金,CNA金融保险集团赔了2.3亿美金,也就是说,在一周之内保险公司就赔了差不多10亿美金。

全球还有几家大型的再保公司,包括瑞士再保、伦敦劳合保险、通用再保等等,又都赔了一大笔钱,有的小保险公司,甚至中型保险公司,因为赔付这笔业务亏损破产。总之,最后各家保险公司一共赔付了超过百亿美金,才足以重建世贸。

这也就是说,保险公司平时都在收钱,但是遇到意外,保险公司必须尽责,拿出钱来弥补别人的损失,承担风险。这就是一个机制,大家享受各自的利益,同时也承担了各自的风险。保险公司需要承担别人的风险,同时也要注意自己的风险,所以保险公司自己也会去买一些它认为必要的保险。

企业、个人在商业活动当中,用这种方式逐步建立了一套商业的风险管控机制,同时也增加了我们在做生意过程中的安全性,给企业的长远发展提供了风险管理上的保证。这就是为什么现代保险业对我们民营企业来说很重要,大家都应该具备这种保险意识。

31

家族企业的财富传承

古人云:"君子之泽,五世而斩。"一代创业,二代守业,到第三代就开始败家。但是美国的洛克菲勒家族,如今已经传承到了第七代,整个家族在美国乃至全世界仍然很有影响力。

为什么这个家族在富可敌国之后,还能够打破"富不过三代"的魔咒?这个家族做对了什么呢?

富过六代,首先得富得起来。洛克菲勒家族创造财富神话的故事,是从一个年轻人的叛逆开始的,这个年轻人叫约翰·洛克菲勒,出生于1839年,也就是鸦片战争爆发的前一年。

约翰·洛克菲勒的父亲是一名医生,当时在美国,医生是个很吃香的职业,但是洛克菲勒在高中毕业以后,没有去上医科大学,而是去参加了一个为期四个月的会计培训班。也就是说,在他的同学们都在琢磨着上什么大学,熬一个文凭的时候,这个年轻人就已经有了明确的计划,开始为财富而奋斗。

在这之后,约翰·洛克菲勒在一家商行工作,每天要接触大量市场信息。在这个过程中,他预测,伴随着工业技术的快速发展,石油将会变得越来越重要。于是,当他积攒了一小笔钱之后,他就准备投身到石油行业当中。他从石油加工产品开始经营,与化学家安德鲁斯合作开了一家炼油厂,之后为了降低成本,他又买下了当时其他人都嫌弃的高含硫量的油田,找来化学家赫尔曼·弗拉希解决了脱硫问题。由于约翰·洛克菲勒对专业人才的重视和信任,在创业初期,他就得到一条用低成本和简易方法来加工换取高质量炼油产品的产业链,很快就在美国石油市场上站稳了脚跟。

看到约翰·洛克菲勒赚得盆满钵满,一大群早先挖矿的人也开始做炼油生意了,仅仅在克利夫兰,短短三年间,炼油厂的数量就增加了三倍多。增加的产量不仅让炼油产品供过于求,而且由于大多数炼油厂炼油技术不过关,产品质量参差不齐,导致油价暴跌,约翰·洛克菲勒的产品即使品质再好也得亏着卖。

面对越来越差的市场,他怎么破局呢?他先是给自己的炼油公司改了个名,叫标准石油。听起来就很牛,直截了当地告诉行业内外的人,我的石油产品质量最好,整个行业都应该参照我的产品标准。之后,约翰·洛克菲勒拿出所有积蓄,大量收购周围快破产的小炼油厂,还联合当时的铁路公司,把进出克利夫兰的两条铁路上的油罐车和储油设备都承包下来。结果,从克利夫兰这块地方只能运出标准石油的产品。最后,洛克菲勒又把在克利夫兰做的事,复制到美国各地。没过多久,他就构建了一个在美国具有垄断地位的石油公司。从他创造财富的过程中就可以看出,约翰·洛克菲勒非常注意把握时机,虽然没上过大学,但是他相信知识的力量。

有了财富之后,就出现了怎样传承的问题。大家可以想想,怎么才能让财富一代一代传下去呢?其实做到两点就够了:第一,让家族赚钱的速度始终快过花钱的速度,避免坐吃山空;第二,保证每一次财富传承都能够平稳过渡,避免在财富继承的时候出现大的争端或者官司,从而越分越小。

要做到第一点,首先得从培养家族后代的观念开始。约翰·洛克菲勒的接班人是他的小儿子。名字和他一样,大家通常都叫他小约翰。小约翰在青少年时期,家里就非常有钱了,但他的生活仍旧很节俭,八岁前都是穿姐姐们的旧衣服,零花钱也必须靠做家务来换,用每一笔钱都要记录下来。这种从小养成的勤俭节约和理财习惯,让小约翰在面对几美金零花钱的时候,就开始琢磨每一分钱的来龙去脉,而不是光想着怎么花。

节俭、勤奋、反思这些习惯,看起来和咱们中华民族的传统美德挺像,但全世界能真正做到的人并不多。洛克菲勒家族就是用这些看似严苛,甚至是极端的手段,潜移默化地把这些习惯刻在了后代的行为模式里,把花钱的速度给降了下来。

除此以外，就是让钱怎么更快地生钱，保证挣钱的速度比别人快。

从小约翰开始，洛克菲勒家族的后代们就开始逐步脱手对石油公司的管理，因为他们知道石油帝国建成了，手里已经拿到了股份，既然生意稳定，雇人来管也可以，该放权的时候就得放，信任别人也是解放自己的开始。

洛克菲勒的后代们从他那儿得到的最重要的东西，并不是石油带来的财富，而是投资的眼光。从小约翰开始，洛克菲勒家族的投资重点就在随着时代而变化，最开始是石油，后来是房地产，再后来是高科技和互联网。

能持续创造财富了，还得考虑怎么让财富平稳地传承，对于财富传承中出的岔子，咱们中国人是特别有感触的。远的不说，澳门、台湾的那些家族，老一代创业者还活着的时候，子女就开始打官司吵架。一旦创业者不在了，家族被分得七零八落，一代不如一代。

相对而言，洛克菲勒家族做得确实不错，已经传承了六代。他们是怎么解决这件事的呢？

首先是选择谁来继承。第一代的老约翰·洛克菲勒只有这一个儿子，其他都是女儿，也许因为性别，约翰从小就选择了把小约翰当成继承人进行培养。到了第二代也就是小约翰这里，他选择的就不一定是自己的孩子，而是让有能力的人，哪怕是外来的人，来管理自己的公司。自己的儿女只享受红利，具体操作就是把家族整体的财富放在一块，设立家族信托制度，保证每个孩子30岁以前都有点钱花，30岁以后可能可以多花点，但不能乱花。这个信托制度还能保证孩子即便有了配偶，结婚、离婚也不会大量分割家族财富，与此同时还能避开美国高昂的遗产税。

洛克菲勒家族的这种做法看似很小气，甚至有意将孩子和财富隔绝开，实际上这说明他们对所谓的富豪生活是警惕的。就像老约翰在给他儿子的信中说的，天下没有白吃的午餐，更不可能一直维持现状。在洛克菲勒家族看来，限制奢靡生活，拒绝让孩子不劳而获，就是在鼓励孩子们自己去真实的社会上冒险。

时至今日，我们再来看洛克菲勒家族富过六代的秘密，除了看到他们怎么把财富的基因传承下去，也要看到他们还承担了很多公益慈善费用和社会责任。比如大家很熟悉的协和医院、现代艺术博物馆、燕京大学等等，都是洛克菲勒家族出资捐助的。

通过财富积累，洛克菲勒家族保证了后代衣食无忧，能做自己想做的事，最值得被我们记住的是他们通过制度和教育，让后代对财富产生敬畏感，做慈善、做公益，反思历史，使他们真正成为精神上富足的人。

32

"商二代""富二代"如何接班

中国改革开放走到今天已经40多年了。很多在20世纪80年代、90年代创业的企业家,都面临一个共同的问题:如何让自己的下一代接班?

前段时间我看到两个新闻。一个是娃哈哈的老总宗庆后接受采访时说,虽然他女儿已经接过去了1/3的产销,但他自己仍然奋斗在生产、销售第一线。整体上娃哈哈还是在培养管理层,而且娃哈哈正在进行二次创业。第二个是苏宁老板张近东,把苏宁小店从公司整体剥离了出来,拿给儿子张康阳去做,而在更早的时候,张康阳就接手了意大利的国际米兰足球俱乐部。

宗庆后和张近东都是非常有名的企业家,是著名的"创一代",可以看出来他们还是很希望由自己的孩子来接手企业。我们必须注意到,今天这个时代和他们创业的那个时代已经有了很大的变化。从粗放化地做企业的"大时代"变成了精细化管理、时时刻刻都处于竞争的"小时代"。

这类"商二代",他们大多有着良好的教育背景,但没有太多实践经验,面对厮杀更激烈的市场环境,他们应该怎么接班呢?

当我们说"接班"的时候,关注点都在被动接手事业的那个人身上,事实上,这是一个涉及两代人的传承问题。我们都知道,"商二代"想要接班,首先得有一个"创一代"去创业,积累了一份家业之后才能实现。所以,我们先来说说"创一代"要解决的两个问题:传给谁?怎么传?

跟大家讲一个故事。我有一个德国朋友。他的家族在德国非常厉害,关于财富传承,家族设定了这样一个规则:当下一代快要成年的时候,必须在是否管理家族事业上做出选择。要么,你就不参与竞争,做自己的事情,稳稳当当地通过家族信托拿到每年固定的生活费和一部分零花钱,也就是过自己的安稳日子,不打扰别人;要么,你就通过竞争来管理家族的事业。要想竞争,你还得报名。如果有两个以上的人报名,家族就会让他们选一个家族产业没有涉足的领域去折腾,且不会给他们一分钱。十年之后交"成绩单",谁的成绩好,谁就可以进入家族上层的管理机构,被选为管理者和家族事业的继承人。

我这个朋友选了第二条路。当时他也稀里糊涂,他说他只是觉得中国远、幅员辽阔,就来了中国。没想到十年之后,他回到家族的时候，他的事业是做得最好的。于是他就成了家族继承人。他跟我讲这个故事的时候，是因为要离开中国，为此来跟我告个别，于是就聊起了他们家族的这个故事。我听完后，觉得这个家族真是太聪明了，完美解决了"创一代"所要面对的两个问题。

先说第一个问题——传给谁？

我们中国人说起这个话题，容易陷入历史的旋涡中，会想到古代皇帝选太子，比如说康熙年间，康熙先是坚定地立了嫡子，结果大家都知道，他活得太长了。出色的、有手段的儿子又太多，大家斗来斗去，康熙自己把太子废了，重新选了皇四子。

康熙看儿子们互相争斗，就像看一群他拉着绳的"小狗"互咬，无论如何他都能保证事情在自己的掌控范围内，但他放不开手，"小狗"永远都活在他的阴影下。而这个朋友的家族就直接撒开手，让他们自己去拼，时间也给得宽裕，哪怕有人输了，这个人可能也已经积累了立身之本，不需要家族养活了。这种方法，一方面为家族选出了最优秀的继承人，另一方面让那些有潜力、敢于走出创业第一步的人，去拼自己的事业，家族的产业不会越分越薄，反而越分越厚了。

康熙面临的也是现在"创一代"们都在考虑的问题，如果要传给自己的孩子，孩子不止一个，那到底给谁呢？如果孩子的才华不够，找个职业经理人来打理的话，又怎样确保他能保障自己家族的利益呢？所以我常说，传承是一个诱惑，它总能让人忽略现实去选择相信血缘。

王安就是个典型的例子。如果不是因为执意要交班给自己的儿子,王安电脑也许不会失败得那么快。克服自己对血缘的执着,"创一代"们才能为自己的企业选择合适的接班人。

再说第二个问题——怎么传?实际上这是一个分蛋糕的问题。"创一代"们为此苦恼,往往是因为孩子多了,产业大了,不知道怎么分配。比如说,大家总是调侃澳门"赌王"何鸿燊家族,四房太太十来个孩子,人还没走呢,遗产官司就快打起来了。

赌王在赌桌上叱咤风云,在家族传承上却显得优柔寡断。相比起来,李嘉诚就果断得多。他很早之前就开始布局了,把家产大部分留给了大儿子,拿了一部分现金给二儿子创业,一家子其乐融融,没传出过什么不合的声音。

何鸿燊和李嘉诚的思路在很大程度上代表了中国人分蛋糕的思路——要么大家长一手操办,要么小辈们自己争夺。但这两种方式有一个共同的缺点:家业不可避免地越分越薄了,但是对一家企业而言,更为理想的传承方法是赢者通吃,也就是说,最好不要把蛋糕分掉。

刚才讲的那个德国朋友的家族就是典型的这种思维。先让同一代人自己选择是否要去参与竞争,然后通过一场长达十年的考核,选出最优秀的继承人,这个人能够得到家族所有的资源,其他人只能拿到一些基本的安顿生活的费用。

有的朋友可能会觉得这种办法对不竞争或不愿意参与竞争的人来说,有些不公平。可是大家仔细想,不去竞争的人没有付出,依然有一笔可观的信托收益来保障生活,让他做自己想做的事。

而竞争失败的人呢?他在十年中可能已经创立了自己的事业,即使没有进入家族的顶层去管理家族事业,生活也应该没有问题。这种传承方法让家族的蛋糕不是越分越小,而是越分越大。

当大家说起传承、接班的时候,通常想到的都是一些有形资产,比如房产、股票等等。我认为,传承过程中最重要的往往是那些言传身教的精神,而这种精神不是排他的,是所有孩子都能够从上一代那里学到的。

举个例子。《曾国藩家书》就是曾国藩写给家人的信,很朴实,但内容无所不包:修身、劝学、治家、用人、交友、为政,甚至是理财知识。他说的道理都很浅白,但总能让人获益匪浅。

最聪明的家族所采取的方法,和曾国藩写家书的方式是一样的,是把那些最重要的,也就是思考得到的一些精神财富留给子孙,传下来的思想可以让子孙一直受益。

说完了"创一代",接下来看一下"商二代"如何接班。"商二代"们大都有一个很相似的成长经历:小时候父母忙于创业,孩子很小就被送去寄宿学校,大点了就出国念高中、大学,然后回国,开始进入家族企业。

所以他们接受的都是高度浓缩的精英化的理论化的知识,对于他们来说，他们必须先守业，保住自己的家底儿，然后再寻求二次创业，扩展父母留下的事业。在这个先守业再二次创业的过程中，我看到了很多不一样的处理办法。

第一种叫孩子永远是爸妈的心头宝。就是说，"创一代"只要还干得动，就自己拼命干，坚决不交权，孩子乖乖地跟在后边。这容易导致孩子正式接班之前，没有试错的机会，一旦上一辈撒手不管，他可能就玩儿不转。还是拿王安的例子来说，他就是控制欲太强，对孩子太呵护了，他去世之后不过两年公司就破产了。

第二种叫稳坐钓鱼台。就是把公司和家庭分开，所有权和经营权分开。这方面成功的例子很多，比如富过七代的美国洛克菲勒家族，他们就是选择优秀的接班人，不忌讳没有血缘关系，不是职业经理人。大家都看到了，这个办法很成功。

第三种是边学边干，这也是现在国内很多"商二代"采取的接班策略。趁着爸妈还能兜底的时候，自己从基层做起，先了解整个公司和市场环境，然后逐步接手。

对于一个"商二代"来说，不管他或者他的"创一代"父母如何选择，他都应该像我刚才说过的德国朋友一样，**先去自己试着做一份事业，不管是在公司内部，还是在公司外。什么都不懂的时候，得到过多的财富和权力不是什么好事。只有经过历练，明白自己想要的是什么，才能把自己的人生、公司，乃至于整个家族管理好。**

或许精英化的教育给了这些"商二代"很多知识，但我们都知道,"纸上得来终觉浅,绝知此事要躬行"。没有付出过努力,是没办法真正握紧父母传下来的财富的,这是"商二代"们应该思考的问题。

33

企业的失败与救赎

最近几年，创业一直是很火的话题。一提到创业，很多人就会想到成功和财富自由。实际上，还必须想到另外一个词——失败。吴晓波做过一个统计，中国现在是全球创业企业最多的国家，每天都有一万家新企业诞生，但是每年又有两百多万家企业破产倒闭，而且97%的企业活不过两年。

我们总以为自己会是特殊的3%，不幸的是，"倒闭的"是大多数。所以不管是在创业前、创业中还是创业失败，提到创业，你不仅应该为创业这件事情感到激动，更要想一想如果自己的企业破产了，你该怎么给它办"丧事"，怎么从失败中走出来，开始下一次创业。

中国民营企业走过了30多年。改革开放以来，我看过很多企业从生到死。对企业来说，其实最难的不是开场，而是收场，也就是说，失败以后应该怎么面对它。

我发现，企业最终偏离成功走向失败，大体有三种原因：第一种是死于政商关系，第二种死于乱集资，第三种才是死于正常的商业竞争。针对这三种不同的死法，要从中走出来的方法自然也不同。

过去大的民营企业死于政商关系的比例挺高的，为什么呢？因为大企业往往更难处理好制度性的摩擦、民营资本与国有资本的关系，以及企业家和政治家的关系。这三个方面统称为政商关系，对于很多规模较大的民营企业来说，往往会在这中间纠缠不清，而且陷入一种困境。

这几十年来，很多事情、政策发展都有一些不确定性，这也容易导致越是大的企业涉及的领域越多，同时企业和制度、法律的摩擦就越多，潜在的风险也就越大。

民营企业家往往会想办法在人、财、物上得到更多支持，这时候就会去和地方、部门的一些领导拉近关系，通过个人之间的关系来抬升自己的资本地位，同时也通过权力来获得一些利益，我们通常称之为"寻租"。在多数情况下，由于这种领导关系的变化，加上反腐、市场和政策变化，导致很多不确定性，从而使这种政治人物和企业家之间的关系断裂，断裂之后就会使企业、资本都陷入困境，这是我们讲的大企业。

那么在民营企业当中，一些中型企业，或者说突然爆炸性地增长起来的企业，死亡原因往往跟所谓的乱集资有关。因为国有经济占有大量的信贷资源，但是民营企业的融资渠道相对有些窄，投资渠道也比较窄，所以有些企业要扩充，又没有钱，怎么办呢？它就要靠市场来融资。如果通过资本市场来融资，目前监管非常严格，资本市场一共也就几千家公司，所以更多的公司还是要通过民间的方式，比如利用互联网的方法做P2P或者第三方理财，等等。

这些民间方式虽然钱来得相对比较快，但是存在规范性欠缺的问题。再加之金融监管也有疏漏，一旦垮台，涉及的问题就变成了一个社会问题，不仅自己掉进坑里，还会牵连非常多的老百姓以及成百上千的企业。

如果能够用资本市场规范的方法来获取资源配置的优势，获得更好的融资条件，当然是一条正道。即使失败了，这个问题解决起来也会有边界，相对来说也比较容易。

但是，最近我们看到很多A股上市公司，大股东、实际控制人，大部分因为股票流动性存在问题，就把股票全部压进去，然后获得一些短期融资来支持企业的发展，那么当股票市场波动的时候往往会爆仓，使得企业资金链断裂，最终陷入困境，甚至是失败。目前因为这样的原因而失败的企业还不少。

第三种原因，就是我们说的正常的商业竞争。经过这么多年的市场建设和市场规则的形成，很多企业直接面对客户提供产品和服务。在这个过程当中，有一部分企业进入竞争激烈的领域。在这种竞争的过程中，生生死死是中小企业的常态。也就是产品不对路，或者客户投诉、公司内部管理有问题，又或者生产过程中出现了原材料供应短缺和资金短缺的问题，以及其他的一些竞争因素，都会导致公司遇到困难和失败，这就是导致中小企业死于商业竞争的大部分原因。

总结一下，政商关系、乱集资，还有商业竞争，这三种情况会导致企业死亡。那么万一我们赶上这些事了，怎么办呢？其实最需要面对的就是剩余资产和债务问题，要把它们处理好。

在处理企业的遗产时，最可怕的就是债务问题，但作为创业者，不可避免会遇到债务问题。一旦企业破产欠下了债应该怎么办？这时候要请专业机构帮忙，和投资人、债务人、债权人一起协商，创造一个相对宽松的环境。

一般来说，企业进入破产程序之后，在破产企业的上级主管部门召开第一次债权人会议之前，都会提出一个协议草案，里面有清偿债务的期限、数额及要求减免的数额。如果说债务人和债权人都觉得这个协议不错，让双方利益损失最小化，那么这个协议可能就成立了。企业会获得喘息的机会，进入整顿状态。如果债权人不接受这个协议，那破产程序就会继续往下走，企业很可能就彻底死亡了。

所以，在进入破产程序后，创业者或者说债务人需要把握的关键的一点，就是要说服债权人给你一个机会，让你喘口气，对公司进行资产债务重整，然后找到一个新的活过来的机会。

我们通常说钱心跟着人心走。债权人也是人，他们也希望手里拿的是钱，而不是债。所以在这个阶段，创业者就不能总端着创始人的架子，更不能抱着一种光脚不怕穿鞋的流氓心态，而是要用一种可靠的形象去告诉债权人，我的公司现在资金出了问题，但这个问题是可以解决的，只要你们给我一个喘息的机会。

有钱的人都特别重视钱的安全、增值和流动性这三点，创业者面临资金的危机时更需要站出来给债权人信息，用一种专业和诚信的态度获得豁免期。其实在创业的时候，这种豁免往往是更重要的一种投资，因为它代表着手握资本的人对公司和创业者本人的认可。

过去我也曾经历过这样的事情。在20世纪90年代中后期，我们也面临债务危机和生死存亡问题。很多债权人来跟我们讨论的时候，为了让债权人彻底信任我们，我们会把所有的银行卡，甚至包括家用的信用卡，统统对债权人透明化，然后告诉他们，你们可以把这些都拿走，我们饭都可以不吃，但是我们要还你们的钱，以赢得债权人的理解，得到一个喘息的机会。

所以，当遇到债务危机的时候，对债权人展现诚恳、负责的态度，也是创业者特别需要具备的一种品质。

剩余资产的处理也是一样的。如果公司进入破产程序了，创业者不想着怎么把后事处理好，反而天天划拉着账上的钱，想着谁多分一点、谁少分一点，那这家公司早晚得完蛋。如果创业者想着怎么用剩余资产去挽回债权人的损失，甚至是借此给公司带来一笔新的资金来解决债务问题，使企业起死回生，那这个创业者才是真正有价值的。经过这样一次生死，企业和创业者其实都会有更大的机会，同时也会有更好的价值。

所以跟债权人打交道，把剩余资产处理好，关系到企业能不能在进入破产程序后起死回生，也关系到创业者在资本圈里会是一个什么样的形象，会不会有起死回生的机会。

创业就是要习惯把"丧事"当"喜事"来办，把"喜事"当日子来过。当企业破产之后，你给它办"丧事"，不是说"一路走好"就完了，而是要多一些启发和思考，甚至在处理破产的过程中仍然要葆有创业的心态，勤奋、反思、诚恳和谦虚。只有这样才能获得新的创业机会。

企业走不下去大多是钱的事，但在企业办"丧事"的过程中，解决钱的问题的例子也不在少数。不管怎么样，日子就是用来折腾的，哪怕知道97%的企业活不过两年，创业者们不还是要去折腾吗？企业破产不可怕，吃一堑长一智，一次"丧事"办完了，对活着的创业者而言，不过是下一场奋斗的开始。

第四部分

创业者的成败启示

34

用不同的"杠杆",企业结局大不相同

在民营企业的发展过程中,不同的人在不同的阶段、不同的事上都会使用杠杆。我们通常讲的杠杆,其实是权力的杠杆,只不过不愿意把它说出来。除此之外,还有能力杠杆、信用杠杆、品牌杠杆、用户杠杆。这些杠杆都是在经济活动当中、在企业发展当中经常碰到的,怎么用、用什么,的确有一些讲究。

我认为,**企业要想长远发展,就要尽量少用权力杠杆,更多地用能力杠杆、信用杠杆、品牌杠杆**。因为用权力杠杆做生意,往往是政商互相扯不清楚,到最后又互相摧残,甚至两败俱伤。如果选择权力杠杆,或者是在此基础上放大金融杠杆,企业可能会有很大的规模,很快就赚很多钱,但也是非常危险的,冷不防就会爆出一些意外的事件,让企业灰飞烟灭。

如果是选择权力杠杆，那么能"杠"出什么？能杠出牌照、许可证、土地等垄断性资源，然后再把这些资源通过金融的手段，在市场上不断放大。这样来做大的企业，我认为非常危险。因为它往往会导致企业特别热衷于一件事，那就是杠杆收购，然后连环控股。用这种方法把企业规模无限扩大，同时又做了很多内幕交易和关联交易，最终导致企业不可收拾。

所谓杠杆收购，就好比你借了10个亿，用它去收购一个100亿标的的企业，这100亿元的企业里边有30亿元的现金。你把公司收了之后，把他30亿现金当中的10亿元拿出来，还掉自己前面借的10亿元，最后等于自己一分钱没掏就收了对方，这就叫杠杆收购。

而连环控股，就是你第一次用10亿元收购100亿元标的的公司时，控制了它50%的股份；之后你把这个游戏无限地玩下去，用100亿元收购300亿元标的的公司，还控制50%股份；再用300亿元往下收……但是这样一来，三层以下股权的权益，对于你来说已经意义不大了。所以说，连环控股理论上可以变得无限大，实际上，在两层控股以后，权益和你的距离越来越远，中间但凡有一点事，分红就跟你没关系了。

于是，你为了获得利益，往往就要采取其他的方法，比如说内幕交易、关联交易等等，暗中拿自己的利益。甚至有很多人在自己控制的资产里抽水，把它直接挪到私人账户，然后再调离到其他地方去。

做这种规模化的扩张，往往离不开权力的保护，也离不开权力的支持。如果没有权力的保护和支持，这些交易、收购、连环控股是很难完成的。同时，这种手法导致经营越来越复杂，让人难以看清楚其间的交易暗道和机关，最终导致两败俱伤。

有一个故事很有意思。

某省一个老板想收购当地一家地产公司，在交易对价上想省掉5000万元，于是他就给省领导的儿媳妇送了500万元。这就是利用权力杠杆，看起来省了4500万元，而且还加快了速度。但是你仔细想，这个儿媳妇拿这钱能干什么呢？通常是购买名贵珠宝和名牌衣服。要么就是把儿子送到最好的学校读书，还要出国。恰恰这些事最容易遭人嫉妒，也最容易被人发现然后揪出来。果然，群众的眼睛是雪亮的。这个儿媳妇的招摇被身边人不停地告发，这个过程中，最着急的是曾经给过钱的老板，于是这个老板又花了1000万元贿赂其他领导，期望能把事摆平。

可是这1000万元送出去以后，其他领导家又会出类似的状况。可能收钱的人有个儿子，儿子喜欢买豪车，要是开车不小心撞倒了某一大爷，肯定被群众告发，最终这个送钱的老板还要花更多的钱摆平。所以是非之后还有是非。直到他把钱花完了，甚至是倒贴钱，都摆不完这些是非。最后案发，一切归零，他被判了刑。

我一直都不赞成用不正当的权力关系来扩大资源占有，或是加上杠杆来放大资产。这样一条路不能够保证一个企业持久做大，大部分会在过程中牺牲掉。

要想把企业做大，我最希望的，也是最主张、最坚持的，就是完全依靠市场。在这个过程中，我们也要用到杠杆，但这里的杠杆是指能力杠杆、品牌杠杆、信用杠杆。比如前文提到的瑞联集团和阿波罗投资管理公司。瑞联的回报永远比别人高，阿波罗就愿意帮它融资。也就是说，你的本事大、能力大，特别能挣钱，钱自然会跟着你走。

所有企业都是这样。能力越大，赚钱的回报率越高，越能够撬动更多的钱，而且对方还得对你的能力表示敬意。同时，随着现在反腐的深入和银行治理的规范，市场也日趋完善，权力杠杆已经越来越弱。做企业，就必须通过运用能力杠杆、产品杠杆、品牌杠杆和信用杠杆，帮助公司汇集资源，取得特别的竞争优势。

另外一个，还需要加强用户杠杆。如今企业，特别是互联网企业，其用户很活跃。而用户的黏性，就决定了这个企业可以撬动多少资源杠杆。如果你有1000万用户，你就会比有100万用户的企业在融资上得到更大的估值，在投资者中知名度更高，也会有更多的机会上市，从而获取更多的资源配置优势。

随着市场经济的完善，竞争条件的透明，企业家也会成为一个关键因素，也就是，人变成了一个杠杆。对一个企业来说，企业家的杠杆能力是企业是否能够有效配置资源的决定性因素。试想，如果不是马云、柳传志、任正非，那阿里、联想、华为的资源水平可能就不是现在这样。不同企业家的眼光、能力、创造性，决定了他们能够撬动的资源范围、水平和组合方式。

总之，我们现在要去掉权力、银行等杠杆，转而强化品牌、人才和用户杠杆。只有这样，民营企业才能够厘清和政府间的关系，在一个充分竞争的市场当中，逐渐地健康、强大和阳光起来。

35

平时比追求，战时比底线

时常有年轻的创业者问我："冯叔，我在创业过程中和竞争对手，甚至和合作伙伴都起了冲突，您说该怎么办呢？"我的回答是，**做生意的过程中，矛盾在所难免，有时候会有不愉快，甚至会跟人打官司。这个时候一定要记住一句话，"平时比追求，战时比底线"。**这到底是什么意思呢？

在正常情况下，我们做生意，大家一起竞争，实际上比的是追求、价值观、愿景、使命、商业模式。有句话叫作"比学赶帮超"，你在这些方面的某一点上做得好，你的追求比别人高，你的商业模式更有竞争力，那你就可能在竞争中胜出，而且走得更远。当然，这是正常的情况。前提是，大家必须处在一个公平、法治的环境下，用一种文明和大家都认可的商业规则来进行竞争。

但是有些时候，会有一些例外。比如你所在的环境法制不那么健全，或者说对方突然拉低了底线，在商业上他竞争不过你，就找地痞流氓来骚扰你，写黑稿黑你，或者干扰你的生意，甚至找人来弄你，那你怎么办呢？

在"野蛮生长"的时代，我们做生意的时候总会遇到一些冲突，甚至是激烈的矛盾。我发现了一个规律，人们在冲突当中，底线的高低决定了手段的多少，以及手段的极端程度。

这里的底线，是指法制、道德、良心、传统和做人的基本准则。底线高的人，在追求人生目标的时候，会严格依法办事，在法律允许的范围内展开博弈，同时遵守商业规则、公共秩序、公序良俗，尊重传统，有正常人的良心。这样的人才是真正的君子，而这些品格也是未来社会健康发展所需要的优秀领导者的关键素质。

相反，那些底线低的人，就会不断突破法律、道德、传统和良心的束缚，做一些后果无法预料的事情。底线低就是在法律、道德以下，把自己处理事的基点放在君子约束的水平之下来想问题，比如刚才提到的写黑稿，或者是给你制造一些特别的困难，甚至对你进行人身伤害，等等。这就是下黑手，这就叫底线低，在正常的道德水准以下动手。这种人你要特别小心。

所以，创业要想取得成功，不仅要能在正常情况下比追求，还要懂得在非正常情况下如何避险，甚至反击那些底线比较低的人。

如果把底线和追求做一个组合，我们就能看清楚社会上的各种人。

第一类人是"无底线，无追求"，他们是社会上最烂的人，大部分无赖、地痞，包括所谓的黑分子、黑社会，对社会有害无益。这些人你远离他就行了，别跟他做生意。

第二类是"有追求，无底线"，他们是最危险的。和这类人交往，很容易被他们坑。因为你容易被他的追求所感动、所迷惑，忘了他其实是不择手段地在获取利益，甚至会伤害别人。而你在跟他合作的时候，往往会被他伤害。

举个例子，刘邦就是这样的人。刘邦年轻的时候是个无赖，"好酒及色"，每天都拉着一帮人吃吃喝喝。但是他很有追求，看见秦始皇的车队，就感叹说"大丈夫当如此"，什么意思呢？就是"我刘邦也是个大丈夫，那我就得像秦始皇一样"，所以他算是很有追求的人。

虽然有追求，可是他却没有底线。比如，他和项羽两军对垒的时候，项羽把他爹抓住了，要把他爹煮了喝汤。他竟然乐呵着说："吾翁即若翁，必欲烹而翁，则幸分我一杯羹。"刘邦和项羽曾经拜过把子，所以刘邦说："我爹也是你爹，你要是想煮了他的话，也分我一碗汤吧。"这心态已经远低于正常人类的底线，所以在那个乱世里他能成功，最终打败爱美人、要面子的项羽。这类人最有可能成为乱世枭雄，刘邦和曹操都是这样的人。

这类人如果做生意，在法制不健全的"野蛮生长"时代很容易赚到钱。但是到了社会秩序良好、法制健全的正常环境中，他们的下场往往不怎么好。不是去法院，就是进医院，成了"两院院士"。

第三类人是"无追求，有底线"，这些人是庸人。底线很高，这不能做，那不能做，以至于什么都不会、什么都不敢，没有人生的追求，成不了任何事。

第四类人是"有追求，有底线"，这是真君子。在社会秩序良好、法制健全的情况下，我们真正应该赞赏、鼓励、追求的是这第四类人。

在现实中，一个人的底线高低，往往跟他的经历、教养、是否受过挫折有很大关系。

刚开始做生意的时候，我听说过这么个故事。有个人应聘工作，拿出一张劳改释放证，拍在桌子上对老板说，我到你这儿找活儿干。言下之意就是，老板你必须得用我，不用我就捣乱。我刚从大牢出来，我怕什么呀。结果，招聘的老板什么话也没说，直接让办公室的人也把他的一张证书拿来，拍到桌子上。这个证书也是一张劳改释放证，上面写着的是死缓，后来被释放了。这么一较劲，那个拿着十年刑期释放证的人就乖乖地走了。虽然这只是个坊间故事，但说的就是比底线，底线更低的人更狠。判了十年和判了死缓，肯定是后者的手段更狠、经历更多，处理"疑难杂症"的心理素质更好，也更坚强。

在普通社会生活中也是这样。一个人如果从社会底层混起，他与人相处的时候，心理素质会更好，也更自然。因为这样的人从小就习惯求别人、仰视别人，能让别人觉得受到了尊重。同样这些人也能一眼看透他"上面"的人的虚伪嘴脸和虚荣架势。他能很好地"伺候"人，也就能很轻易地得到这些人的施舍和帮助，所以能更快成功。

过去江湖上流传着"傍大款"的秘诀，那就是吃大款、喝大款、傍大款、消灭大款，最终自己成为大款。因为大款常常自以为是，无意中把自己的底线提高了，结果也容易被人利用和消灭。

又比如说，一些"富二代"，他们是含着金汤匙出生的，从小在别人的宠爱和关照下成长，这类人"武器库"中的"家伙"就非常少。如果碰到麻烦，除了哭喊、忍让、逃跑、找爹妈，没有别的招数，不知道怎么应对复杂的事。无能使他们的底线抬高，他们并不是真君子，只是无追求、有底线的庸人而已。

有时候遇到困难，那些博士、硕士，拼不过大学生、高中生，原因就是他们底线太高。人生阅历少，底线就高，缺少很多行动中应有的"武器"储备，解决问题的方法自然就很有限，换句话说，这是执行力差。执行力的强弱和人生经历的数量、广度有关系，或者说跟底线的高低有关。底线越高，行动能力越差，越容易停留在纸上谈兵；底线越低，往往行动更有力，更强大，手段更多、更老辣。

当然，这种说法也有片面性。如果放在法治环境下，底线高的人也会有行动力。如果在特殊的社会转型的形势下，法制不健全、江湖和商业规则混合在一起的时候，底线的高低就决定了人成功的概率大小。

所以，**当有矛盾的时候，一定要注意研究对方的底线，考虑对方可能用什么方法来解决这个矛盾。**在公平、法治的环境中，即使出现矛盾也没关系，有了矛盾可以去仲裁、去诉讼。这个时候大家的底线是一样的，是平等的，都在法律的基础上来谈事。

如果对方的底线不断放低，那你就要有所提防，甚至要有所反击，来制止他继续拉低底线。这样的话才能够遏制对方，才能够让对方知道，必须依照法律和规则办事，不许胡来。这就叫"平时比追求，战时比底线"，这是一个"保命"的方法。

36

关于湖畔大学，你应该知道的事

2019年3月27日，湖畔大学举行了第五届学员的开学典礼。为什么这么一所规模很小、只创办了五年、也没有什么世界名校机构加持的学校，引发了这样大的关注和好奇？作为参与者，我想分享一下关于湖畔大学的那些事。

校长马云讲过，创办湖畔大学的设想，起源于一些民营企业家的讨论，在去不丹的飞机上，针对民营企业发展当中自身存在的一些问题和未来需要努力的方向，大家交流各自的意见和感想。有人就提出来，说干脆办一所大学，不同于一般的商学院，专门培养中国的民营企业家。但是到底怎么做，当时没有太细想。过了几年，阿里上市以后，马云腾出精力，帮助大家一起张罗，这个学校在西子湖畔落成，取名很简单，就叫"湖畔大学"。

从严格意义上说，湖畔大学并不是通常的全日制大学，不面向高中生，学生也不是通过高考录取的，其录取权重取决于五个"三"：至少有三年的创业经历，有三十个以上的员工，三年的纳税记录，三个校董法定的推荐人，还有同学的推荐，以及还要有三千万元的营业额，再加上面试。面试所占权重非常大，而且至少要面试三次。

湖畔大学在招生上下这么大的功夫，和它的办学宗旨、使命有很大关系。它的使命，就是"发现和培养具有企业家精神的创业者"。马校长在新学年的第一堂课上，对新学员讲的内容，连续五年没有改变。那就是"办企业的使命、愿景、价值观"。可见这件事情多么重要，也可见校长和学校对未来企业家的期许。

对于民营企业家来说，怎么会花这么多的精力，站在公益的角度，站在中国社会进步的角度，专门办这样的一所学校，用于发现和培养具有企业家精神的创业者，推动中国经济的发展？因为经过四十多年改革开放，我们国家的民营企业，越来越多地关注我们跟社会的纽带，并且发现有三个最重要的关系要处理。

第一个就是处理民营企业跟体制环境以及自身的关系。比如说你是股东还是大哥，企业应该怎么组织，法人治理结构怎么搞，你跟外部的工商、税务如何协调，还有如何处理相应的资本市场、银行、税收这些体制上的基本关系。如果这些问题处理不好，民营企业基本上就死掉了。

第二个就是要处理好跟社会的关系，也就是说企业的发展如何能同时推动社会的进步，以回应社会对企业的期待。除了我们讲到的通过公益慈善来帮助弱势群体之外，一些社会制度建设和人才建设的工作，也可以通过公益的方式来进行回应和发展。

第三个就是处理好企业跟科技、技术变革的关系。

只有这三个问题都处理好，民营企业才能有可持续的发展，同时也对社会的经济成长起到非常正面、积极的推动作用。

因此，民营企业在二十年前，就开始发起各式各样的公益基金。我个人也在这个过程中发起、参与了十多个公益基金，像爱佑华夏基金会、阿拉善SEE基金会、壹基金等等。做公益是企业的社会责任，同时也是企业家未来发展的风向标，或者说企业家具有的另一个身份。

这一点也是我们创办湖畔大学的共识。因为湖畔大学不是一个营利机构，主要是靠大家的奉献，包括资金、时间、才能、精力上的奉献。湖畔大学是通过大家的奉献发起设立的一个教育机构。

马云也常讲，一个好的企业，要有家国情怀、责任感和社会担当。这话听起来宏大，但要想真正地把企业做好、做活、做久，还真得这样做。正因为这样，湖畔大学才不遗余力地在这方面和民营企业家，特别是年轻的创业者持续地交流、沟通。所以，创办湖畔大学的意义就在于，让更多的好公司被发现、好企业家被激发，让好的公司能够活下去，活得更久。

因此，湖畔大学还有一个特别的规定，湖畔大学的学员永远不毕业。我们希望能够通过湖畔大学，持续性地影响、引导这些民营企业家，让他们能够葆有在湖畔大学的初心，正确定位自己和企业在社会中的位置和应该承担的责任。

当然，校长也说了，什么时候给你发毕业证，有几种情况。一种是你进入世界五百强了，说明你够牛，你可以自己申请毕业。第二种情况是你退休了，你脱离了商界，脱离了企业，你想要有一个结业证，学校也会给你。第三种情况，也是最多的情况，那就是你临终时，在病榻上奄奄一息的时候，你可以给家人留一句话，"替我向湖畔大学要一个毕业证，这是最后一个机会，我应该毕业了"，这时学校会把毕业证送给你。这想法特别有趣，也很有意义。

有人会觉得，湖畔大学现在的规模太小了，能够影响的创业者实在有限。但是大家也了解到，湖畔大学每年的报名人数非常多，多的时候有五千人，最少的时候也有三千多人，但录取率不到1%。重点就在于学校招生的时候，通过一道一道的选拔流程，来发现最具有创造性、最具有企业家素质、最具有企业家发展前途的创业者。同时，学校也认为，关键不在规模，而在于质量，贪多嚼不烂，公益变成了摊大饼，就没什么意义。

湖畔大学最开始的时候，也经历过一个摸索的过程，最终没有采用任何高校的商业管理人士培训模式。因为湖畔大学认为，现在的科技经济形势变化太快，湖畔大学要做的不是第二个哈佛商学院，也不是第二个清华EMBA。湖畔大学要做的应该是独一无二的，是让我们这群经历过改革开放的剧变和市场大起大落的创业者，和新时代创业者进行各种思想和经验以及业务的碰撞。经典的商业案例当然要学习，但案例都是历史，是过去，我们更需要的是培养能够面对未来的全新挑战、特别有创造力的企业家。

今天，大家对走到第五年的湖畔大学，仍然有很高的期待，也有很大的兴趣，这让我很高兴。期望从湖畔大学出来的同学，能够身体力行地做好一个公司，做好一个企业家。

湖畔大学，与其说是公益，不如说是"益公"，就是把公益两个字翻过来看，对公共的利益有好处，对社会有好处。公司对社会的影响力不是简单地有多少钱，而是它做了哪些符合潮流趋势的重要的事情。而且，不光是现在，更重要的是在未来，它还能做多少事，还能影响多少人。

37

企业为什么一定要做公益

前一阵,我们公司的年轻人向我推荐了故宫的"良渚与古代中国展",因为良渚古城的遗址已经被成功列入了世界遗产名录,所以故宫就办了这么一个展览。这让我想起2019年上半年的时候,尊敬的单霁翔单院长荣休。当时,不少人都表达了非常不舍的情感,也对单院长这几年把故宫重新拉回普通人的视野中所做的工作表达感谢。

其实很多人不知道,在单院长上任之前,企业家们就成立了一个公立基金——故宫文物保护基金会,由万杰、马化腾、陈东升、王石等企业家,其中也包括我,一起发起。单院长在七年的任期当中,聚合了故宫文物保护基金会在内的很多方面的力量,使故宫展现出了伟大而独特的一面。

更早一点,2019年1月,第四届马云乡村教师奖在三亚如期颁发。因为马云的努力,乡村教师这个群体回归了我们的视线。而郭广昌也发起了乡村医生精准扶贫计划。

不只是故宫文物保护，乡村教师和乡村医生的境遇也得到了巨大的改善。在所有领域，从阿拉善的环境保护、地震灾区的救援，到儿童先天性心脏病的治疗，甚至是一些犯人子女的教育、失足少女的挽救，再到鸟类保护、红树林保护以及长江濒危动物的救助，差不多天上、地下，男人、女人，都被企业家用钱、时间和精力逐渐覆盖了。

企业家从什么时候开始有了这么大的心力？我想应该是从我参与发起第一个公益基金会——"爱佑华夏基金会"的时候。大概是2004年，刚刚有公益条例。到现在快20年了，我一共参与发起了18个公益基金。

现在有不少企业家，大体上就是做赚钱、捐钱、花钱三件事。赚钱第一、捐钱第二、花钱第三。因为赚钱、捐钱这两件事，基本上把90%的时间、精力都用了，唯一能花钱的就是躺着按摩一下脚，活动活动筋骨，以便走得更远、走得更好。接下来就是听党的话，听政府的话，迈开双脚朝前走。

什么叫公益？经过近20年的发展，公益又如何变化？**我觉得这是改革开放以来，时代、社会、经济、体制的变化，向我们民营企业家提出的挑战，也是我们民营企业家做出的一个正确的回应。**

差不多20年前，中国已经有了初步的经济发展，社会上也有一些先富起来的人，于是收入差距逐渐拉大。有钱的人，要学会要脸；没钱的人，要学会努力；分钱的人，要讲究公平。这时候社会上提出一些问题，为什么不能"富而不仁"。这激发了企业家对于企业社会责任的一个思考。

我记得在2006年，阿拉善SEE基金会成立不久，我们就组织了一个代表团，到全世界去学习如何做公益。这也是我第一次专门为做公益去学习。在我们之前的一些前辈，也做过类似的事情，他们称之为慈善，比如说在民国，甚至在更早的时期，一些乡贤、能人、企业家在乡村办学。

我们今天要投入更广阔的领域，在前人的基础上，还得有所进步，应该要用更专业的态度，来管理公益基金会，通过它来发展可持续的公益事业。从那个时候起，我们就开始琢磨一件事，如果光挣钱，不去回应社会在发展当中对民营企业提出的一些道德、社会责任、对财富重新安排的要求，是不是得当，我们需要考虑。不回应那是不对的，民营企业就不可能有很好的发展。所以，从那时开始，我们就积极地思考应该怎么做，很多民营企业家经常会在一起讨论。

恰好那时来了一个机会，也就是外部给我们的刺激。当时地球上有两个最有钱的人：一个叫比尔·盖茨，另一个叫沃伦·巴菲特。他们哥儿俩一块来到中国，提出了一个倡议，号召大家捐出一半的财产。他们到北京之后，举办了一个晚宴，邀请了很多企业家，有些人低调地去了，有些人高调地去了。总之，这是一个非常有意思的晚宴。在那之后呢？我们就在议论当中逐渐弄清楚了一件事，**民营企业的发展，的确要特别重视和帮忙解决整个社会关切的一些社会问题，也就是财富的使用和再分配问题、企业家的社会责任问题**，或者更简单地说，我们要回答，一个企业怎么样经过财富创造的过程，让社会更和谐，而不是更动荡；不仅要保持经济的可持续发展，还要保持社会的可持续发展。这也是我们民营企业自身生存发展和环境进一步改善所需要回答的问题。

从那个时候开始，我注意到身边的民营企业家，每一个人都有了两重身份，第一是挣钱的身份，叫企业家；第二是捐钱的身份，叫作公益基金会的理事长或是捐款人。

这个事业经过20年的发展，我们已经取得了很大的进步。到今天为止，差不多每天都有两个公益基金会成立，一年大概就会增加六七百家，全国已经有超过7000家公益基金会，其中三分之二是由民营企业发起和成立的。每年捐款或者是募款超过1000亿人民币，这些善款多少可以解决一点社会问题或者是解决一部分社会应该解决但政府还没来得及管的，又或者政府管的效率并不高的一些社会问题。

例如爱佑华夏基金会，它靠着自己的努力，一年能够解决20000例先天性心脏病贫困儿童的治疗问题。这就是一个公益基金会以一己之力解决了中国一个具体的问题。为什么这么说？它解决了中国40%的贫困儿童的先天性心脏病的问题，可以说是很大的善举。

通过企业家的能力，对有限的资源进行合理配置，提高效率，最终有针对性地解决了一类又一类的具体问题。

比如贫困儿童的先天性心脏病问题。公益组织会先筛选出这些贫困儿童，同时查明他们家里的贫困不足以支付这个医药费，最初的筛选是基金会遇到的最需要发挥智慧去解决的难题。基金会这个专业团队，通过互联网以及现有的农村的基层组织体系去解决这个问题。然后再去联系医院，联系专家进行手术，这些都要靠专业的团队，用专业的精神和专业的协作方一起去解决，最终一年要做一万例甚至两万例手术。到这个程度以后，政府开始重视，发现这一类人应该由政府来管，所以现在政府就把他们纳入医保系统中。

整体过程是先由公益基金管一部分，刺激了一下，解决了一下，然后得到政府的关注，由政府来普遍性地解决问题。

所以，我们讲到公益基金会，讲到企业家公益人身份时，**最重要的是企业家用自己的能力和方法，用有限的资源去提高效率，解决某一个细分领域的问题，带来社会的点滴改进和文明的进步，这也是我们企业家的公益身份最重要的含义。**

当然，还有不少同样出色的公益基金会，也都是由民营企业家创办的。为什么这些基金会能做好？因为他们善用企业的组织力量，用最有效的办法来解决问题。

现在很多公益基金会募款并不顺利，特别是一些公办的基金会，募款也有局限性。相反，那些由民营企业家主导的基金会，募集资金非常快，管理非常透明，治理也非常有效。比如说，公益产品怎么互联网化，公益项目怎么产品化，民营企业家主导的基金会往往都会做得很好，也很仔细。

现在壹基金、阿拉善SEE基金会，每年都通过网络来募集公益基金，基金超过了一个亿，甚至是两个亿。这些方法、手段、技术、人才，都是在企业家做公益当中慢慢培养出来、慢慢提升的能力。

一个企业家做公益的时候，他有自己配置资源的能力和使效益最大化的创新方法，这是他独有的，而这个能力如果赋能给公益基金会，就能够对社会、对公益事业、对解决一些问题有很大帮助。

企业家在做公益的过程中扮演的并不是一个启蒙者的角色。早先一些知识分子、先行者、启蒙者，都做了大量的工作。今天，他们的身影已经远去，迈开步子来做公益的是他们的后继者，也就是企业家。

企业家在做公益的过程中，还有一个特别的地方，就是通过做公益能够对自己、对企业的价值观进行校正。大家知道在企业发展的过程中，企业家面临很多选择，这些选择最终是需要通过价值观来判断的，我们怎样看别人看不见的地方，算别人算不清的账，做别人不做的事情呢？全靠企业的领导者，也就是企业家的价值观来引领。

我们把大量的时间、精力投入公益之后，就会注意到企业的需求在某一局部可能和社会的需求并不吻合，那我们怎么在这个时候校正我们的企业行为，让它更好地满足社会大多数人长期的需要和利益，这就需要把公益和企业的经营互相有力地结合和校正，这个过程对企业的发展是非常好的。

做公益的时候，我们得到了很多启发。通过公益我们知道，企业想要发展，必须兼顾社会环境和各方的利益。

而一个企业家开始注意到股东以外的周边社会关系、社会人群、社会问题的时候，意味着他开始有了社会责任意识。**社会责任说来道去，就是管身边的"闲事"，而这些闲事可能关系到你的企业能否长期发展，所以必须当真才行。**

说了这么多，我们终于明白了为什么企业家会多了一个公益人的身份，这意味着我们要在经营企业的同时，更多关注社会问题，同时用企业家的能力找出解决问题的办法，汇集和善用社会资源，最终回应社会诉求，解决问题。正因为这样，中国民营企业到今天仍然保持着持续发展的势头。

38

新加坡房地产的启示

我对新加坡的印象非常好,每次去的体验都很愉快。2012年,我曾经在新加坡学习过一年半的时间。2019年7月,我又和风马牛地产学院的学员们一起去了新加坡,参观了一些房地产项目,研究他们的创新模式。这个过程像是在啃老甘蔗,越往下啃越甜。对房地产的从业者来说,反复去,反复看,每次都会有所收获,而且每次的滋味都不一样,除了甜还特别有嚼头,在嚼的过程中能反复品出更多的甜滋味。

新加坡这个国家国土面积不大,还不如一个海南岛,但它发展出了小国特色。作为一个精致的城市国家,它把自然、历史、人文、科技、现在、未来,所有这些都凝聚在一个非常小的地域空间里。它的城市发展经验,特别是它在人口密度非常高的情况下,如何解决住房问题、城市发展中的规划建设问题，以及发展高密度城市的经验，都值得我们特别关注。其中，有一点最值得思考和探讨，那就是它能够用资本主义的方法实现社会主义的目标。

为什么这么说呢？就是它在生产过程中，讲究效率，所以就很照顾雇主，以雇主为核心来设计一些制度、政策。因为雇主会带来经济发展、就业和税收。在市场经济中用资本主义的方法是非常有效的，能够很好地刺激财富的创造和提高经济效益。

但是在公共政策、社会政策方面，他们却用社会主义的一些方法，就是讲究公平、要照顾到穷人，尽可能缩小收入差距。这一方面就特别像北欧的一些福利的资本主义，或者叫作福利的社会主义，也有人叫作民主的社会主义，等等。

我们先说一下它怎么用资本主义的方式来刺激生产。

首先在新加坡，大家看到有一些赌场，甚至还有妓院，相当于西方社会的一些我们传统社会主义国家不喜欢的东西，他们都有。

其次，新加坡政府在各种政策的制定上，都是想着法地要促进大家，甚至逼着大家上班、干活儿、创造财富、提供服务，或者累积效益、累积财富。其中最简单的一个方法就是，你作为雇员，退休、养老、社保、最低工资什么的，在新加坡都没有。它以此来保证充分就业，让你必须上班，你只有上班，才能有收入。

另外一方面，它还采用其他一些政策，来刺激雇主增加就业。比如说，市场上假定工资标准是一个月2000块钱，雇主给不起这么多钱，他只愿意给1000块，那么办呢？一些国家，包括我们中国，或者一些欧洲国家，政府会把这个钱直接补贴给工人，算是低保，哪怕他不干活儿，坐着吃，也能得到这个钱。结果呢？一方面，政府的负担越来越重；另一方面，人们并不感谢雇主，反而更讨厌雇主。

新加坡是怎么做的呢？新加坡会把这1000块钱直接补贴给雇主，让雇主按2000块钱去雇人。这样的话，就能确保充分就业，让雇主有积极性去雇更多的人。同时，所有的人都有活儿干，有活儿干就能从雇主那里拿到工资，人们就会感谢雇主。一方面努力干活儿，一方面对雇主心存感激，这样就保证了整个社会的效率和公平兼顾。

另外，新加坡还有一套保护雇主利益的法律和政策。我曾经听到两个很有趣的故事。

第一个故事里，有一个中国人去新加坡打工，在工资薪酬上不满意或者说他觉得委屈，于是就跑去跳楼。这件事如果发生在其他地方，肯定先责怪雇主。所以这个人形成一个惯性思维，认为只要摆出跳楼的样子，政府就会出来帮你解决问题。

但是在新加坡，却不是这样的。新加坡的警察首先会在楼底下拿大喇叭广播，跟你明确宣示，你必须下来。如果有劳资纠纷，那么第一有工会，第二有法律，第三有媒体。如果你不通过正常的渠道来解决问题，而是直接奔楼顶跳楼，用生命来要挟雇主，这就是违法，而且还不轻。

　　新加坡政府的逻辑就是，如果纵容他，以后谁还敢当雇主呢？没有人愿意当雇主，就业谁来解决呢？没有就业，当然就得不到工钱，也不可能改善生活，经济也不能发展。所以，新加坡政府处理这些事的原则就是，社会有这么多的渠道让你解决问题，你不用，非要用跳楼这种方法，那你就是扰乱公共秩序，以要挟的方式达到你的目标，那是绝对不容许的，所以即使下来，那也必须坐牢。结果这个人下来，就被警察带走了。

　　第二个故事是这样子的。前几年新加坡发生了一件事，100多个中国籍的公交车司机因为工资待遇的问题，集体请假，其实也就是罢工。结果导致新加坡几条公交线路都停运。这些公交车司机以为只要闹出事，就能得到政府出面帮助解决。

　　那新加坡政府是怎么处理这事的呢？首先，让这家公司向公众道歉，承认其和工人之间的沟通出了问题，造成了交通线路的不畅。他们也的确在薪资待遇方面有一些欠缺的地方，所以也向公众道歉。

　　接下来，**警察**就开始介入调查，传讯组织罢工的司机，把他们叫到警察局一个一个调查，调查完以后，大概有五六个人要遭到起诉，其中最严重的要坐牢，理由是非法罢工。新加坡的法律规定，凡涉及公共利益，罢工要提前两周申请。要知会政府，告诉公众，这是法律。这些司机突然就罢工了，没提前申请，也不告知，所以叫违法罢工，带头的那几个就要坐牢。我们都知道，新加坡在依法治国这件事情上非常认真，而且执法也很严格。

新加坡就是这样，通过颁布各种政策、法律，并严格执法，构建了一个法治且高效的社会系统。依靠这套系统，实现了国家经济的快速发展和整个社会系统和谐而高效地运转，这是它在生产过程中表现出来的一面。

在公共政策、社会政策以及一些社会制度方面，新加坡又是如何表现出社会主义因素的呢？在新加坡，每个人都有自己的公积金账户，收入的35%要被强制性地扣存在这个账户里。这35%中，有25%是从工资里扣的，这个钱由雇主掏。剩下的10%全部都是社会补贴，由政府出。等老了以后，你可以从公积金账户的钱中拿出来一部分自己用，或者你就把组屋的贷款都还掉，获得一套房子。另外，政府还给了每个人一点国企股票和现金分红。这么一算，等你老了，你会得到一套房子、一些股票和一些分红的现金。

这看起来就很社会主义，也挺公平。前提是，从开始工作到退休，其间的这几十年，你必须得努力劳动。因为新加坡没有退休保障，你如果不上班，那你的公积金账户中就没存款，生活就会遇到困难。

这件事对所有人都是公平的。因为大家都知道，只要努力工作，就不会失业，而且只要工作，公积金账户里就会有钱，只要公积金账户里有钱，你老的时候，就可能会有房子，而且看病不用花钱，教育也免费，这些就是它社会主义的一面。

教育、医疗免费就不说了，房子，其实占了很大一头。新加坡建国54年，政府一共建了100万套叫组屋的住房。新加坡人口，目前也就600万左右，可见政府提供的住房占了多大的比例。

我们知道全世界解决住房的问题一共有三种模式：美国模式、德国模式和新加坡模式。

美国模式就是市场解决一切，主要靠市场，靠供求关系来决定。

德国模式就叫作房住不炒，房子就是用来住的，基本上大家都是租房，很少人通过买房、炒房来投资。

而新加坡模式就是把两股道分开，保障的归保障，市场的归市场。80%都是由政府提供的组屋，20%交给市场去做，叫作私人房地产。多数人由于有强制性的公积金，所以到了一定的年纪，就可以住进自己的组屋。但也有一小部分的人，比如去创业，挣到了大钱，愿意住得更好，住洋房、别墅，他也可以申请放弃组屋的名额，自己去私人市场购买房产。

当然，一旦放弃了购买组屋的机会，放弃一次可以，第二次就上了单行道回不来了，政府就不再管你了。在过去，组屋和私人房产相比，私人房产的品质、价格明显都更高。随着整体社会经济水平的提高，特别是组屋翻新改建之后，其中公共设施、品质、价格，跟私人房产的差距都在缩小。

由于新加坡坚持这个制度50多年了，几代人已经形成了一个明确的预期，大家对这个制度也很依赖、很相信。每个人都知道是该进组屋系统,还是自己创造命运,进入私人房产系统。

如果是普通的上班族,多数人都会进入组屋系统。他们预期非常稳定,也从没想过要改变。通过这种模式,新加坡政府很好地解决了如何让中低收入人群实现"户均一套房"的问题。这样的目标对很多国家来说是非常困难的,但是新加坡做到了,显然非常成功。

所以,无论政府、企业,还是员工,新加坡的这一套制度,都在做一件事,概括起来,就是在生产过程中,用资本主义的方法,包括严格的法律、自由的市场经济制度,来实现社会主义目标,也就是说在社会政策、社会分配制度上享受人人平等,而且创造相对公平的生活条件,这样社会心理相对稳定,社会矛盾和冲突也比较少。这就是新加坡挺有启发意义的做法和值得我们学习的经验。

39

历史上的商业大师

现在很多人都在做生意，总觉得只要赚钱似乎就是商人。其实做商人这件事儿还真不简单。商人的作用，商人能够办成什么事、怎么办、怎么做生意，有很多讲法。我就从头跟大家捋一捋。

管仲的商业头脑远超很多大老板

商人这个词最初是指商朝的人。夏末的时候出现了一个叫"商"的部落。这个部落发展起来，它的农产品就有了剩余，于是拿来跟别人交换，久而久之，别人就把他们叫商人，拿来交换的东西叫商品，也就是商人的东西。这是古人讲商人，实际上是讲了一个地域和地域的一个特征。而今天的商人，是指单纯从事商品贸易、商业交易的人。这个和古代简单地局限于地方上的特殊的人群已经有了分别。

有了商品交易,就需要有一般等价物。物物交换的效率太低,而一般等价物可以解决这个问题。这个一般等价物就是货币。实际上,商业和货币几乎是同时发展起来的。

慢慢地,商人也和其他行业的人有了分别。在中国,后来就把这些不同职业的人明确地叫士、农、工、商。商排在最后,士排在第一。士是什么人呢?就是我们说的有知识、能当官的人。其次是务农,再次是手工业者,最差的是做买卖的人。

但是,商人毕竟是一个挺重要的人群,所以在《史记》里面,就有专门介绍商人的一个列传。其中的《货殖列传》专门讲真正的做生意的方法和一部分重要的商人。里面有很多有意思的人,比如范蠡,比如巴寡妇清。当然也有后来被我们叫作"圣人之师"的管仲。他对商业形成了一整套想法,而且最后把它写了出来,由后人传世。

管仲在商业上的想法跟他的经历有非常大的关系。管仲原本生于齐国的中高干这样一个家庭,后来家道中落,年轻的时候生活也挺贫困。在成为齐国的国相之前,就靠做一些小买卖维持生活。就是这样一段经历,让他非常清楚钱的价值,所以他后来说了一句挺有名的话——"仓廪实而知礼节,衣食足而知荣辱"。

这句话的精妙之处值得慢慢体会。它体现了管仲对钱和物质、钱和礼仪、钱和道德以及钱和社会秩序之间关系的看法。他把人的欲望、自私、荣辱都裹在一起来看,它们是具体的,又是抽象的。

有吃有穿，殷实了，社会才有秩序。吃饱喝足，生活无忧了，你就开始对道德更关注，你才能有面子，进而知道什么是有价值的东西，什么是没价值的、应该抛弃的东西。

管仲的经济思想非常超前。其中一个思想就是鼓励消费，用现在专业的词汇来说就是拉动内需。管仲认为"俭则伤事"，就是说不能太节俭，大家都憋着不花钱、不消费、不折腾，事业能有什么发展呢？不消费就会造成商品流通减少，经济活动衰退，从而导致社会不稳定。

关于"俭则伤事"，管仲身体力行做了一个注解。他在齐国当国相的时候，他住的地方非常富丽堂皇，甚至可以说极尽奢华，他比国君都富裕、敢花钱，生活标准也超过他的行政级别。很多人都骂他。但是现在看呢？他在用这个实际行动来说明自己的观点，希望大家积极地消费，进而带动经济发展。

管仲施行的许多改革当中，有一条挺有名的，那就是设了一个女闾，什么叫女闾呢？其实就是我们今天说的公娼，也就是官方认可的妓院。所以有人也说管仲是妓女的祖师爷。在《战国策》里面有一段记载，说"齐桓公宫中七市，女闾七百，国人非之"。说齐桓公的宫中有七百个妓女，老百姓都骂她们。那么，这些妓女是自愿的吗？不是，她们大多是俘虏和奴隶。所以这一举措在道德层面上，常常被认为是不仁的做法。

管仲实际上提出了很多经济思想，都跟国家治理有关。管仲在他当国相期间颁布了一些政策，提出了一些经济理论，也做了一些实际的改良，这些都为当时的民间生意人创造了一个"湿润"的空气环境，让他们能够有所发展。所以中国做生意的人一定要认识管仲，读懂管仲。如果有时间可以把《管子》拿来看看，我相信这是我们做中国商人的一项功课，中间有很多小故事值得我们玩味。

商圣范蠡：把商场当成战场来打

现在很多年轻人开玩笑说有两种人最迷信：一种是商人，另一种是程序员，前者拜财神，后者拜图灵。这话本来是调侃程序员的，但我笑过之后想，其实和程序员拜图灵一样，商人们喜欢财神，也是因为财神身上有着他们渴望的某种特质。

比如说"武财神"关羽，他本人的经历跟做生意一点儿关系都没有，却被后人，特别是一些商人供奉在神龛里，早晚三炷香拜着。这就是因为，大家希望自己做生意的时候，彼此讲义气，以诚待人，而且不被其他人蒙骗。

包括关羽在内，民间传说一共有九个财神。我发现一件挺有趣的事——这九个财神里，做官的是大多数，真正自己做过生意的，只有子贡和范蠡，其中尤以范蠡最为出名，被人尊称为"商圣"。他能当上财神，凭的是"生财有道"。

现在的影视剧里，范蠡要么是帮助越王勾践卧薪尝胆、打败吴国的谋士，要么就是最后和西施一起泛舟西湖的隐士，但很少有人把他怎么当上"商圣"这件事拿出来聊聊。从越王的复国之战,到化身陶朱公家财万贯,范蠡是如何把商场当成战场来打,最后还打赢了的?先说说范蠡的商业成就吧,他有过两次从头创业的经历。

第一次,范蠡先去了齐国,化名"鸱夷子皮",在海边结庐而居,一边开荒耕作,一边买进卖出,兼营副业。没几年时间就积累了数千万的家产。尽管很快就成了大富之家,但范蠡并没有关起门来过自己的安稳日子,而是仗义疏财,一边给乡里乡亲救急帮忙,一边还很乐意教当地人怎么经商理财。就这么过了几年的时间,范蠡贤明的名声越来越大,齐王在王宫里都有所耳闻,于是把他请到国都临淄,让他当宰相。范蠡拿着相印,并没有雄心勃勃地想改变世界,而是感叹自己做官做到了宰相,经商也积累了家财万贯,名声还这么好,恐怕会盛极而衰。所以当官没几年,范蠡就辞官了,回到家乡后,他把自己的大部分财产分给了好朋友和老乡,带着家人离开了齐国。

范蠡的第二次创业,选择在"陶"这个地方,还换了个"马甲",自号"陶朱公"。和第一次创业一样,范蠡选的地方并不是随心所欲、走哪儿算哪儿的,而是经过仔细考量的。在齐国,范蠡选择去海边开荒、买卖海产,对当时的中原国家来说,这就是稀有物资。而这次选择陶这个地方,是因为陶被称为"天下之中",东边是齐国和鲁国,西边和秦国、郑国接壤,北边连着晋国和燕国,南边接着楚国和越国,这是一个交通枢纽一样的存在。因此,范蠡在陶地的创业方向就是做贸易。根据时节、气候、民情、风俗的不同，范蠡会将几个国家的特色产品卖往其他国家。他有一个口诀："人弃我取、人取我予、顺其自然、待机而动。"凭着这种经商智慧，没过几年，范蠡再次成了当地的大富翁，陶朱公这个名字也在当地民众的口耳相传中，渐渐成了"商圣"、财神。

在第二次创业过程中，他最出名的一件事情，就是"范蠡贩马"。范蠡刚刚来到陶地的时候，本小利微，贸易规模一直都很小。直到有一次，范蠡听说吴越一带需要大量的好马，当地没法供应，所以他就打算从北方便宜收购，带回吴越卖掉。但这儿有个难题，就是怎么运输？

当时范蠡人生地不熟，一路上强盗横行，没人给他面子。他听说有一个经常来往于北方和吴越之间的麻布商人，很有势力，运输从来没出过问题，所以他灵机一动，故意在商人经过的时候，宣传自己刚刚开了一家马队，为了拉拢客户，可以免费帮人从北方运货到吴越。麻布商人一听果然心动了，就主动找到了范蠡，范蠡就顺势让自己新买的马匹驮上货，跟着麻布商人安全抵达了吴越。

从这两次创业历程来看，范蠡确实是一个有大智慧的人。他懂得商人基本的低买高卖的道理，但并不愿意一家独大，而是把自己的办法教给周围的人，形成一种协同竞争的效应，让齐国海边成了一个繁盛的商贸之地，从而进一步为自己打造出口碑和品牌。在陶地的时候，他很有耐心，懂得等待时机，确认马匹是吴越一带的刚性需求之后，才有所行动。没钱打点沿路关系，范蠡也懂得借势而为，能弯腰、不逞强，所以他能再次创业成功。

虽然刚才说的都是范蠡的商业智慧，但如果把他的商业作为和他在政治、军事上的功绩联系起来，大家就会发现，其实范蠡的商业智慧和政治智慧是相通的，哪怕是离开了吴越争霸的舞台，范蠡也一直在以他的战争理念指导创业。

范蠡的政治生涯，相信大家都曾经听过，在这儿我想说几个容易被忽略的小细节。第一个细节，是范蠡受到越王勾践重视的时候。大家都知道，吴王夫差为父报仇精心备战，越王勾践知道后就准备先发制人攻打吴国，范蠡觉得不妥，想阻止勾践，但没劝住。果然勾践战败了，越国沦陷。直到这时，勾践才肯定了范蠡的眼光，但勾践自身难保，范蠡迎来了自己从政生涯的第一次重大抉择——是继续留在勾践身边辅佐他呢，还是离开他去找一个更好的东家？大家都知道范蠡的选择，当然是前者。范蠡不仅果断地选择了留在勾践身边，还给他量身定制了一个"潜伏"的计谋：向吴王夫差称臣，去吴国做小伏低，金银财宝、妻妾美女也都献给了夫差。范蠡自己也跟着勾践去吴国吃苦，还在吴国指导勾践做一系列阿谀奉承的事情，甚至让勾践去尝夫差的屎，最终让夫差相信勾践完全臣服，把他们放回了越国。

第二个细节，是勾践和范蠡回到越国之后，并没有一鼓作气打败吴国。范蠡对待战争一直很谨慎，回越国之后七年，越国一直在养精蓄锐、恢复民生。之后又等了两年，范蠡才等到夫差和伍子胥闹翻。但范蠡还不想让勾践冒险，直到伍子胥死后第二年的春天，夫差带着精锐部队离开吴国去搞外交了，范蠡才支持勾践发兵吴国,但只打到夫差家门口。又过了四年,越国正式攻打吴国,这一次吴国才彻底失败。因为在这四年里,范蠡和文种曾经"贿赂"的奸臣太宰嚭成了吴国宰相,太宰嚭贪财好色,在任期间疯狂剥削底层人民,吴国没打仗,却因为内耗把国力耗干了,等越国打上门来的时候,根本没有反抗之力。

这两个细节都很有意义。第一个细节说明,范蠡在面对风险和机遇时,选择的是勾践这只潜力股,耐住性子,充分信任,长期持有,尽心尽力地解决问题,最终也获得了高额的回报。这种做法,也造就了后来范蠡卖马时的成功。

第二个细节说明了范蠡对时机的高度敏感。在二十几年的政治生涯里,战争只占了范蠡生活的一小部分,大多数时候他都在负责把握时机和方向,为战争做准备。在他眼里,时机、强弱、自我认知是他做一切决定的出发点,他不会贪功冒进,也不胆小怕事,更重要的是,范蠡自始至终都认为战争是一件失德的事,所以他会尽量避免在战争中投入过多。这也是我和大家分享过的经验,做事要"先算是非,后算得失"。范蠡能在齐国白手起家、官拜宰相,最后全身而退,也是因为范蠡把"是非"看得比"得失"更重。

耐心、敏锐、自我节制,范蠡能从政治跨界到商业,指导他做事的这些原则一直没变。更加难能可贵的是,他从商之后,既保持着对待是非的态度,不贪财、不吝啬,大大方方和人分享自己的商业智慧,又时刻保持着在战场上的警惕,在名声和财富达到顶点的时候,毫不犹豫地抽身而去,从头开始。

历史上，诸葛亮最佩服的人也是范蠡，因为他用兵如神，可"兴一国、亡一国"，其实，范蠡的伟大之处不仅仅在于用兵。他对是非、钱财和人性看得如此清楚，不管是用兵还是从政，又或是经商，都能做得很好。时至今日，依然值得我们琢磨和学习。

"红顶商人"胡雪岩的成败启示

作家高阳写过一部关于胡雪岩的历史小说，书名就叫《胡雪岩》。1988年，我拿到一套四本香港版的《胡雪岩》反复看，这本书可算是我最早的商界生存手册。我还从台湾买来傅佩荣讲胡雪岩的录音，放在车上天天听。

看《胡雪岩》其实就是看政商关系。现在这类书很多，但当时挺少。我也得益于比别人看得都早，所以避免了一些错误。我看完这本书，就知道了"靠山"和"火山"的关系：今天是靠山，明天就可能是火山。

先说说胡雪岩的发家史。他的故事非常励志，用我们现在的话说就是"失败者逆袭"。他从小家境贫寒，后来去一个钱庄打工，钱庄老板没有儿子，就把这个钱庄交给他经营。胡雪岩有个患难之交，叫王有龄。

王有龄最初是个小官。有一次王有龄要升官了，但是缺钱，胡雪岩就拿了一笔钱帮助他。那个时候没有纪委，虽然有类似的机构，但王有龄当时官太小，而且人情往来也不算太严重的事，所以没被查。之后王有龄的官越做越大，当了浙江巡抚，帮了胡雪岩很多忙，甚至把政府的公款都存在胡雪岩的票号里。

左宗棠接任浙江巡抚的时候，面临一个重大的问题，就是缺钱。如果没钱发军饷，军心不稳，就没法去征战。这时胡雪岩跳出来，帮左宗棠筹集军粮、军饷。左宗棠发现这人能完成不可能完成的任务，于是把他引为知己，延入幕下，帮自己处理一些官方解决不了的事。

能搭上王有龄、左宗棠这些官员，成为红顶商人，胡雪岩自然有过人之处。比如说他有一句名言，叫"前半夜想想别人，后半夜想想自己"。也就是说，要站在别人的角度想想自己的问题，这样交换立场，容易发现自己的不足，然后检讨自己，先自省，再想其他的事情。通过内省，来找到一个和外部世界和谐相处的分寸和尺度。我觉得这一点非常重要。反省是一个人还健康的标志。每一次"体检"都能祛除一点小毛病，人才能活得长久，这就如同汽车要不断保养才能开得更久一样。

反省最大的作用就是让我们更了解自己。很多人、很多企业一过生日就觉得自己很牛，而在万通，公司的周年庆就是我们的反省日，我们一反省就觉得自己真不行，还有这么多事没做好。因为不是最好，所以要向别人学习。因为不是最好，没有满足客户和各方面对我们的期待，所以我们要继续跟别人合作，不断努力改进工作、改进产品、改进服务。我们每年通过自我反省的过程，保证我们即使遇到同样的困难也不犯同样的错误。我们改进得比较早，比较自觉，而且发自内心，所以我们才能逐步走上持续、健康、安全的道路，在整个行业发展当中占据一个比较主动的位置。

再说回胡雪岩，他家门口有一副对联——"传家有道惟存厚，处世无奇但率真"。我对这副对联印象深刻，觉得它特别能反映胡雪岩的人生态度：有率真的一面，但是治家也好、待人也好，要强调厚道、和睦。从他的这些话中，能看出他成功的道理。

到了胡雪岩晚年的时候，有一次起风了，他开始感叹人生："就是这样，结束了，就结束了。"所有的房子空了，事业落败了，朋友也离他而去。他事业落败的原因，是左宗棠在朝廷里和李鸿章发生了矛盾。李鸿章手下有一个商人，算是他的钱袋子，这个人叫盛宣怀。盛宣怀就和胡雪岩在商场上也斗起了法。

不管是胡雪岩，还是盛宣怀，他们的崛起本来就不是按照市场和商业的逻辑进行的，所以他们的成败就与背后的政治势力的消长密切相关。当其中一方身后的政治势力倒塌后，相应的前台商人也会迅速崩溃。随着左宗棠晚年在政治上的一步步失意，失去政治支持的胡雪岩也在和盛宣怀的争斗中败下阵来。左宗棠死后仅仅过了两个月，胡雪岩也抑郁而终。可以说胡雪岩这个故事，开始是红顶商人，中间是顺风顺水，接下来慢慢走下坡路，最后烟消云散。

那么胡雪岩的故事对我们今天的民营企业有什么启示呢？最大的启示我觉得就是如何处理政商关系。处理得好可以荣耀一生，处理不好会引来无穷的麻烦和是非。

首先，不要当权力的围猎者。若大家打过猎应该知道，你骑着马也好，开着车也好，拿枪撵着猎物到处跑，这就叫围猎。权力的围猎者，就是指企业规模大了，钱多了，就在政商关系当中下重手。某种程度上，胡雪岩对王有龄、左宗棠最初的巴结，本质上都是对权力的围猎。一旦围猎成功，就能从权力那儿获得巨额的回馈，最终把自己和权力绑在一起，一荣俱荣，一损俱损。到后来即使想脱身，也没有机会了。不管是胡雪岩的时代，还是改革开放已经四十多年的今天，权力的围猎者都没有好下场。

其次，不要老相信靠山，一定要清醒地认识到，靠山就是"火山"。胡雪岩一直靠左宗棠，但左宗棠的政治斗争最终把他给牺牲了。所以，企业家和政治家要"精神恋爱"，要彼此尊重。

40

不同地区商人的生意经

明清徽商的兴衰史

徽商是中国历史上一个特殊的商帮。它起于安徽,却成就于安徽以外的地方,比如说扬州。当然,和胡雪岩一样,古代很多徽商都是凭借权力的关照而获得"特许经营权"的,所以最后也失败于政商关系。

在两三百年前徽州这一带的自然条件不是很好,交通不是很方便。在徽州有一句土话,叫作"前世不修,生在徽州,十三四岁,往外一丢"。意思就是,这个地方缺吃少穿的,物资匮乏,生活不容易,上一辈子没修好才生在这儿,长大了赶紧扔出去。正因为物资匮乏,经济环境恶劣,才使得徽商在自由打拼的过程中,拼出了一条自己的路。

徽商有很长的历史，最广为人知的是明清时代的徽商。他们是如何飞黄腾达的呢？这要从明朝初年说起。

明朝初年，北元的势力还很强大，所以政府就在北方屯集了大量的军队。为了供应军粮，政府颁发了一道命令：谁能够把军粮送到前线，就给谁多少原盐。也就是吃的那个盐。这样的话，通过奖励一些卖盐的指标，来弥补送粮食的成本，刺激商人的积极性。

最早干这件事的是山陕商人，也就是山西和陕西的商人。他们离得近，当然得到一些地利。可是当时管理盐政的机构设在扬州。山陕商人在扬州人生地不熟，即便运了粮食，拿到了指标，但把指标换成钱，换成现银，换成真实的财富，他们一直做得不顺，于是干脆把这个指标倒给了徽商。

山陕商人的这种做法放在现在来说，就叫炒卖指标。慢慢地，徽商手上积攒的盐的指标，当时叫"盐引"，越来越多。政府管盐不仅管指标，还管销售地点，盐商只能卖到指定的地方，这叫"引岸"，说白了是为了保护盐商的利益。在当时，食盐的利润率大概有800%。所以只要有了这些"盐引"，徽商当然就大展拳脚，快速积累起巨大的财富。

比如乾隆时期被称为"扬州八大商"之首的江春，担任两淮盐业总商四五十年，被誉为"以布衣结交天子"的"天下最牛徽商"。乾隆几次下江南，都不愿意住在行宫，而宁愿住他家里面。乾隆身上有点私房钱，也不愿意交给内务府的人，更不会交给户部，宁愿交给江春帮他理财。乾隆五十年，江春受邀去京城参加在乾清宫举行的千叟宴。之后江春家养的春台班、三庆班、四喜班、和春班一道奉旨入京，为乾隆皇帝八十大寿祝寿演出，这就是著名的四大徽班进京。因为四大徽班进京，才诞生了后来的京剧。

徽商在扬州等家乡以外的地方取得成功的同时，还有一件事情挺有意思，就是大部分徽商和家人在一起的时间太短，一辈子加起来据说不超过三年半，实际上可能更短。自己常年在外面折腾，总得有人照顾，于是这些徽商都在外面又有了家室。可是这件事怎么跟家里的发妻、父母、祖宗交代呢？于是他们就发明了一个成本特别低的办法，那就是吹捧。刚开始是立牌坊，随着商帮兴起，牌坊越来越多，徽州一府六县就有一千多个牌坊，其中一大半是给女人的。这还不够，徽商还想出了更高的一招，就是建"女祠"，让女人可以进到她们专属的女性祠堂，然后给女性一个更高的表彰。她们可以在女祠里面议事，身后也会被供奉，这样一来，女人就感觉到跟男人在这个方面地位相当，心理上得到了很大的满足。这件事情在当时是很罕见的。这样一做，徽商在道德伦理上站住了脚，还能让家族门楣生辉，符合当时的风俗。而他们建立的这套表彰体系也通过了官方的认可，同时变成社会的主流价值观，或者说主流的习俗和是非标准。

这对于当时来说是一个聪明的选择，但是从历史发展角度而言，徽商受儒家影响很大，特别是程朱理学的"存天理，灭人欲"，所以他们要保证道德伦理上的崇高，同时还要教化子孙，传承事业，安定四方乡里。他们还讲究"贾而从儒"，弄个学者的名号给自己贴贴金。这就像今天的一些商人要到商学院去学习，弄个硕士、博士的身份一样。正因为这样，客居扬州的徽商给人感觉是最有文化的一批商人。

然而，花无百日红。经营盐业的徽州商人从明朝开始崛起，乾隆年间步入最辉煌，到了道光以后就开始衰落。徽商之所以在清末走向衰落，有好几个原因。

首先是清政府釜底抽薪的改革，打破了盐商的垄断地位，徽商们损失惨重；其次是鸦片战争以后，欧洲列强的工业化产品大量进入中国，徽商经营的手工业品敌不过外商用机器生产的商品，迅速衰败；再次，咸丰、同治年间，包括徽州在内的江南，战乱延绵多年，太平军与清军攻防争夺，激战不断，使得徽商在人力、财力、物力上受到严重的摧残。

当然还有一个很重要的原因，那就是在清朝，只要企业做得足够大，跟朝廷都会有点关系。这种互动关系，在快乐的时候都表现得像蜜月期。但是人的链条太容易断，友谊的小船说翻就翻。就像刚才讲的乾隆，哪怕和江春关系这么好，说翻脸就翻脸。除此之外，还包括晚清最著名的徽商胡雪岩。这是权力垄断带来的必然的经济现象和普遍规律。那个时候的商人不具有我们现在讲的企业家能力，他们谋取特权的能力特别强。所以中国当时的商人形成了一种文化：赚钱的能力要靠官。官靠什么？靠关系。关系的目的是什么？桌子底下给银子。

以徽商为代表的盐商是中国近代商业历史上商人发展的一个顶

峰。在这个顶峰当中,中国的商人不习惯于去"捕老鼠",而总是在研究怎么样获得"捕老鼠"的特权,这是当时中国商人文化和商业形态当中最典型的一种状况。盐商的产生恰好是因为盐的专卖、盐的垄断,而盐的专卖和垄断导致了"盐引"这样一种计划分配和配额供给的特权。

渐渐地,这就成为当时中国商人群体长期的心理定式和一个共同认可的潜规则。其实对中国的市场经济发展和现代企业家的培养是不利的。这种潜规则久而久之会阻碍现代商业文明的发展。中国古代的商人,包括更早期的商帮,其实都没有逃脱这个规律,这也就是为什么在相当长的时期,本土都很难培养出现代的企业家精神。

总之,中国虽然有很多商业故事,但是真正的现代企业家实际上还是得从张謇开始,然后才有最近这四十多年改革开放带来的真正的企业家群体的成长。做这样一个对比,我们不能不说,改革开放四十多年真正地建立了一套市场经济能够长期发展的法律体系,正是这套法律体系的不断完善,才创造出、培养出、鼓励出、竞争出一大批现代的企业和企业家。

虽然以我们今天的眼光来看,明清时代的徽商有一些历史局限性,但是,我觉得徽商都有"较劲"的精神,尤其是从安徽比较苦的地方出来的人,在那种环境中培养的商业人格中有些重要的特质,那就是冒险精神、毅力、乐观以及通权达变。这些始终值得我们关注和学习。

潮汕商人崛起的秘密

俗话说，有潮水的地方就有潮汕人，有钱赚的地方就有潮商。潮汕商人"无孔不入"，但又异常低调。我曾经和一些潮汕商人打交道，他们身上那些鲜明的特点，给我留下了非常强烈的印象。

第一个特点是潮汕地区经商的人特别多，可以说他们都有从商的天赋和基因。有一个潮州的朋友说，潮汕人有个特点——"宁可睡地板，也要做老板"。换句话说，他们敢冒险、胆大、富贵险中求，哪怕是十死九伤，也敢一往无前，这种劲头让人钦佩。潮汕人还很务实，他们不拒绝从摆地摊、卖菜这些具体的小贸易做起。李嘉诚13岁的时候到香港的茶楼里端茶，这也是一个代表。他们充满了雄心壮志，相信市场价值规律，觉得没什么是自己承担不了的。

潮汕商人的第二个特点，是在做生意的过程中特别善于交易，用工夫茶的方式慢慢与人交往，常常以"让"获取下一次交易的机会，这是潮汕人特别聪明的地方。世界上最难的事，就是把别人的钱装进自己口袋里，或者把你的思想装进别人脑袋里。北方人老想着办后边的事，但潮州人永远做前边的事，就是把别人的钱装进自己口袋里。

十五六年前，有一个跟我们合作过的揭阳老板，他每次到北京都会去娱乐场所"上班"，让助手不停地打电话招呼北京这些朋友来玩。他很豪气，出手也特别大方，北京所有的朋友都觉得这个老板特别好，每次来的人也会不断地老朋友带新朋友，他的朋友就越来越多。我有点迂腐，有一天我就问他，哥们儿，一晚上连吃带喝要一两万块钱，也没见你做什么事，你每天都这样，公司怎么办呢？他说："冯哥，你别着急，我是赚钱的，赚得还不少。比如满说就算一晚上两万块钱，一年最多咱也就忙两百多天，五六百万而已，但如果能谈一个五千万的工程，那早就赚回来了。"那个时候工程的毛利都在20%以上，所以他这个账算得是对的。他知道舍得小钱可以赚大钱，但这一点很多人办不到。

第三个比较有意思的特点，就是潮汕人在北方社会"闷声发大财"。人低不低调，一方面，我觉得跟语言表达的方式或者方言有关。潮汕的语言体系相对比较封闭，用潮汕话聊天的时候，他们彼此之间语速很快，也很幽默。但是一到北方，他们就得把舌头捋直了，把话在脑子里翻译一遍，转个弯然后再说，这就失去了说话的兴趣。这就好比我到美国也不爱说话，因为每句话都得翻译，说几句就断掉了。或者美国人老问我，我得转着弯想这些英语，所以就表达得很笨拙。美国人会觉得我也挺低调的。

地域也会影响到商人做生意的思维。比如我是陕西人，陕西人做事慢，拿西安话说叫"ran"，就是含糊、模糊；广东人直接，做生意直接谈钱，不管多复杂的事，归根结底就是"说个数"。潮汕人很有意思，谈生意的时候会在身边带点现金。谈得好，他立即就把箱子踢给你，你把箱子拿走，就算是定金了。我问一个潮州老板，你的箱子里都放多少钱？他说大概放20万港币，因为如果是一个两百万元的生意，20万元就是10%，足够了，这算定金。如果是2000万的生意，就算一笔小定金。万一什么也没谈成，那就送给朋友了，这叫茶水钱。我们知道，交易对手的交易方式各有不同，而潮州人很善于对交易瞬间进行把握。他能把握时机给你这20万元，就把人心捏住了，然后让你觉得欠他的，接下来的事就能按照他的意思走。

另外，潮汕人知道出手的分量。比如说我答应你一件事，应该给你五万，但我多给你五千块钱，你肯定就很高兴；少给你五千，你就生气。一般来说他的手会比较松，因而对方总是高兴的。但是松也不是没原则。五万的事给出去八万，潮州商人也不干，他会觉得这事吃亏了。所以在交易当中，拿捏分寸对潮商来说特别重要。

李嘉诚有个名言："我给你10分是合理的，我也可以争取到11分，但是如果我只拿8分，那就财源滚滚来。"这就有点像工夫茶，我让你一下，敬你一下，然后你感觉比较舒服，我们就可以继续做交易，这也就是我们之前讲过的"利润之后的利润"。潮汕商帮在交易当中把情谊作为前置条件，如果这笔生意会伤情谊，他宁愿不做。所以他们的生意越做越大，一个小买卖也会越做越大，朋友也可以越做越多。

潮汕商人的第四个特点让我印象特别深，那就是他们抱团。只要你进入了潮州帮，潮州商圈的大佬就会支持你，而且这一圈的人都会支持你。即使到今天，这种文化依然明显存在。当然，这种抱团也是在历史过程中形成的。

有一个说法叫"爱打架的地方出商人"。在清代,闽粤地区的乡族械斗十分严重。陈微言在《南越游记》里写道:"闽之滨海漳泉数郡人,性皆重财轻生,剽悍好斗。潮地接壤,年久亦染其习。凡剑、棒、弓、刀、藤牌、火铳诸器,家各有之。少有不合意,纠众相角,戾夫一呼,从者如蚁。将斗,列兵家祠,所姓宗长率族属男妇群诣祖堂,椎牛告奠,大呼而出。两阵既对,矢石雨下,已而欢呼如雷,胜者为荣。"简而言之,包括潮汕地区在内的闽粤之人爱打群架,甚至是要钱不要命。

为什么爱打架?一个原因是人口压力大,土地财产占有不合理导致矛盾激化。清代闽粤地区人口迅速增长,迫使土地开发加速进行,越界侵权的事时有发生。地域间的矛盾冲突增多,资源分配不均,一方要改变不合理现状,另一方却要坚持,致使械斗时有发生。

另外一个原因是闽粤地区的宗族势力很强大。宗族以血缘关系为纽带,在维护小集团利益的前提下,可以长久地保持族内团结而不至于涣散。宗族日益强大,族产也随之增多,有时候族绅们为了加强对族产的控制,甚至挑起宗族之间的纷争,以转移注意力。而在宗族的逐渐发展中,也出现了强弱之分,强宗欺弱邻,弱邻不服要反抗,力量不够要找外援。平衡一旦打破,斗争在所难免,最后强者愈强,弱者愈弱。由于有这种传统,就使得这些地方的人格外有战斗力,也格外团结。团结又有战斗力,只要把心思用在做生意上,自然就容易出大商人。

做生意时,他们会抱团,就是互相之间的资源、能力和机会的互补，以至于形成了一个内部市场和人才的激励机制。正是这种方法，使潮汕的企业家迅速崛起，成为中国经济发展中一道特别亮丽的风景线。

温州商人如何赚钱

温州商人很务实，做的生意可大可小，既可以做到正泰、奥康那么大，也可以只做零碎的小商品生意，比如做纽扣、针线包、酒店牙具，甚至是外国选举时用的小旗。所以，温州在很长的时间里都是全国最开放的地区之一。

不以利小而不为，不以利大而恐惧——这是温州人留给我们的一个敢于冒险、富于进取的形象。在和温州老板们打交道的过程中，我发现，他们有这样几个特点。

第一个特点，温州商人在生活方面不讲究，白天当老板，晚上睡地板。有很多人说，温州的发展跟它的地域闭塞有很大的关系。温州地处浙江东南，人口密集，资源匮乏，受到"三山、六水、一分田"的局限。改革开放前的温州人，常常是吃了上顿没下顿。所以，到了改革开放初期，在国家刚刚开始放松对商业经营的管控时，灵敏的温州人立刻闻风而动，开始了冒险经商、冒险创业。

按照当时的话说，叫作"把脸皮放在家里，人到外面做生意"。因为那个时候，社会上很多人还看不起商人，觉得经商是投机倒把。所以，有的温州人形容那个时候"像讨饭一样在经商"。

直到1986年，著名的社会学家费孝通给温州的生意人提出了一个非常肯定的说法——"以商代工"，偏见才逐渐消除。因为那时创业的温州人日子并不算好过，所以他们特别肯吃苦耐劳。

而且，当时的大多数人既没有创业资本，也没有文化知识，更没有政策保障和良好的创业氛围，只能靠着不服输和敢闯敢拼的劲头，哪里有机会就往哪里钻。所以，一开始，他们都是从非常小的生意做起的。比如，当时有说法叫"五把刀子走天下""挑着箩筐卖水果""背着小件去贩卖"，温州农民在改革开放初期，就是靠这样经商完成原始积累的。接着，温州商人选择了生产与国企有较强互补性、较低竞争性、较小体制和资本制约的劳动密集型产品，比如生活中所需的小物件，标牌、徽章、纽扣、打火机、皮带、皮鞋、皮具等，获得了极大成功，这种产业结构后来演化出了大家熟知的"温州模式"。

温州人的第二个特点，是他们喜欢往国外跑，走得很远。有数据统计，目前有六七十万温州人在130多个国家和地区经商、创业。要知道，截至2019年，整个温州的人口也不到一千万。前几年有个新闻，非洲有一个国家叫加蓬，加蓬总统大选的时候，其中一个候选人是华裔。他爹是温州人，当年闯荡非洲，娶了个酋长的闺女，生下了他。虽然在那次大选中落败了，但在过去几十年里，这个华裔候选人一直都是加蓬这个非洲国家里举足轻重的政治人物。从这事儿可以看出，温州人确实是走得远。

又比如，意大利的佛罗伦萨是全欧洲的皮包生产中心，其中，几乎所有的中低端皮包均产自温州人的企业。有人统计，佛罗伦萨的华人超过一万人，大部分为温州人。仅仅是在佛罗伦萨的奥斯曼诺罗地区，就集聚着超过一千家温州人经营的微型皮包生产企业，而意大利人的这类企业已经寥寥无几了。

距离佛罗伦萨不远有一个叫普拉托的城市。这个城市差不多有20万人，但温州人就超过了两万，也就是说，总人口的10%是温州人。普拉托的工业区里的纺织批发企业，大部分是温州人在经营。

从20世纪80年代开始，温州人便通过各种渠道移民意大利。经过几十年的打拼，他们不仅在当地站住了脚，而且多数拥有了自己的企业，成了老板。而几乎所有在意大利发家的温州商人，都是从小餐馆、小店铺做起的。他们的发家模式，基本上是白手起家，先打苦工还清出国费用，然后依靠几年的辛苦积蓄，加上以乡土关系为网络的借贷支持，自主创业做老板。在这个过程中，他们疯狂地工作，拼命地攒钱，极度劳累，有着超常的拼搏精神。

同时，由于温州商人老往国外跑，他们对本地的事似乎不感兴趣，因为本地的市场小，机会不多。这样一来，他们跟权力中心距离比较远，在政商关系上犯错误的情况也相对少很多，不会像广东人那样，老闹出一些纠缠不清的大案。

温州商人的第三个特点，是同乡之间很容易达成合作，特别抱团。比如别人是个拳头，温州人只是个指头，他们就合指头为拳头去竞争。我觉得这也许与他们的语言有关。他们的方言跟外部语言差异很大。像是瓯语、金乡语等，都特别小众，因为小众，反而造成了他们之间有极高的认同感。这种认同感，使他们外出打拼时，互帮互助，形成以乡土关系为基础的借贷网络。

这导致前些年出现了一个很有意思的现象，那就是他们组团炒楼、炒股。那时媒体上经常出现一个说法，叫"温州炒房团"。以至于让很多人觉得，温州全是炒房团，实际上他们都是散户。过去在上海，只要买一个60平方米以上的房子，再办个蓝印户口，就能以三四百分的成绩考进上海名牌大学。所以很多温州人会为孩子花30万元去上海买房子。三年以后，他们发现房子升到了90万元，比自己辛苦一年赚的钱还多，于是干脆借钱多买两套。

我还遇到过这样一件事。当时，我和朋友在温州拍到一块地，没想到因此动了别人的奶酪。过了两天，来了一伙人，认为我们的价格比他们有竞争性，得把钱补给他们，不然他们就去闹事。我还是头一回听说这么霸道的事。后来我发现，原来是他们自己没钱，到处炒钱、借钱、借高利贷才拿到了项目。如果他们不赚钱，就要赔款甚至跳楼。所以说，他们的这种炒房团，只有在价格不断上涨的情况下才能赚到钱，但这样其实风险极大。如果一个市场全是"炒"字当头，不管你炒煤、炒矿、炒房、炒地，还是炒钱，甚至整个城市都弥漫着一种短期图利、一夜暴富的思维，那么这个市场就难以建立好的产业基础。

另外，由于温州人有这种"炒"的文化，就导致他们的企业难以建立一个规范的现代企业制度。温州人都愿意在外面打拼，这就导致了温州有钱的小企业、个人特别多，分散在全国各地，但是在本地有竞争性的企业发展得很慢。这样的空心化，对经济的持续发展和就业带来了一些负面影响。这也是温州商人们和其他商帮相比，很不一样的一点。

不过，也有一些温州企业在努力建立现代企业，成为典范。比如正泰集团总裁南存辉，他在公司治理和家族传承方面都做得很好。现代公司治理最重要的就是明确股东权利和经理人的权利，讲究人力资本和货币资本的配合。正泰通过三次资本变革，已经变成了一个规范有序、责任清楚的股份制集团。而南总本身的愿景和价值观，以及他对事业的长远追求都贯穿在了这三次变革当中。

另外一个在温州本土发展得很好的企业就是奥康。它通过规范治理，加上集中精力做主业，在A股上了市。奥康的治理完全不同于温州的传统老企业，它一反温州企业依靠经验去冒险的炒作传统，专注于主业，同时很好地利用了资本社会化、治理现代化的一些方法，成了行业龙头。它们都是温州经济的希望。

崇拜关公的山陕商人

山陕商人是囊括山西、陕西两省商人的大商帮。山西商人，也就是晋商，大家都很熟悉。前些年由于一些文学作品的渲染、影视剧的热播，比如《乔家大院》《走西口》《白银谷》，晋商的知名度很高。

相比较而言，陕西商人，或者叫秦商，大家就讲得比较少。其实在过去，陕西商人也曾经辉煌过。早在春秋战国的时候，特别是在秦朝的时候，陕西商业就非常发达。如果按GDP来算，那时候陕西的GDP能占到全国的一半，所以陕西的商人也是很有故事的。最近几年，通过影视剧里边的一些企业家，大家也都慢慢了解了。

在历史上，由于在地理上是挨着的，陕西和山西自古以来就关系密切。春秋战国的时候，秦国和晋国长期联姻，一个成语叫"秦晋之好"，就是用来形容这种关系。而且陕西人与山西人生活习俗相近，口音也相似，再加上历史上的人口迁移，两地人民联系很多，两省的商人在去其他地方做生意的时候，也时常抱团。尤其是到了明朝初年，明朝政府设置了"九边"。"九边"中的大同、辽东、延绥、宣府、宁夏、固原等长城关塞，离山西、陕西两省比较近，明朝政府为了给这些边镇军队筹集军饷，实行"开中制"，也就是由商人向边镇军队提供粮食、布匹、茶叶、铁器等物资，来换取盐引，再到指定盐场支盐和贩运食盐。由于有地利，山西和陕西的商人大量地向边镇军队运送物资，换取盐引，山陕商人因此兴起，并且赚取了大量财富。到了明朝中期，由于明朝政府对盐引制度进行了一些调整，山陕商人手中的盐引快速地转移到了徽州商人手中，于是徽商崛起了。可以说在明朝的盐业专卖制度下，山陕商人享受了第一波政策红利，而徽商享受的是第二波政策红利。

虽然贩盐生意变小了，但是完成了资本积累的山陕商人找到了别的做生意的方法。在明朝，内蒙古、新疆等少数民族聚居地区对茶叶的需求量很大，山陕商人从南方购茶，贩至蒙古、新疆等地。

那时候的山陕商人，一手贩盐，一手卖茶，赚得钵满盆满。由明入清之后，山陕商人继续在甘肃、新疆、内蒙古、青海、西藏、四川等地从事边茶、边盐、边布生意。比如明清时期，兰州、西宁地区的茶叶、布匹、盐，以及药材、皮货生意，长期被山陕商人垄断，而康定正是由于山陕商人的到来，才从一个小山村变成了商贾云集之地，当时康定最繁华的街道就叫作"陕西街"。

很长的时间里，陕西、山西的商人不仅结伴而行，抱团做生意，而且连在外地修建供行会、同乡联谊使用的公用场所也都建在一起，比如很多地方都有山陕会馆。什么是会馆？用现在的话来说，大概可以叫作驻某地办事处。

和其他商帮修建的会馆不同，山陕会馆有一个非常独特的地方，那就是各地的山陕会馆里都会隆重祭祀关公，甚至往往与关帝庙合二为一。比如河南周口的山陕会馆就是庙馆合一，后来索性改为关帝庙。由于和关帝庙合二为一，一些山陕会馆的建筑物大量使用了绿色、黄色的琉璃瓦。我们知道在古代，琉璃瓦只能用于宫殿建筑，其中黄色的琉璃瓦更是只能用于皇家建筑，普通的民房是禁止使用琉璃瓦的，但是由于山陕会馆里供奉的是被封为关帝的关羽，因此也就提高了等级，一些山陕会馆的大殿就使用了黄色或者绿色的琉璃瓦。

山陕商人为什么会在自己的聚会、办公场所里供奉关帝呢？就像闽粤一带的商人会拜妈祖一样，山陕商人对关羽推崇备至。这就是山陕商人相较于其他商帮而言的一个独特的地方。

关公是山陕商人的乡土神。首先，关羽是山西人，出生在现在的山西运城。根据一些传说，关羽本不姓关，因为在家乡杀死了一个欺压乡里的恶霸，为了不连累家人就逃了。走到陕西潼关的时候，守在城门的士兵盘问，于是灵机一动自称姓关，叫关羽。所以按照传说的说法，陕西是关羽的改姓之地。从地域上讲，关羽和山陕商人具有非常紧密的联系。

此外，到了明清时代，关羽已经被民间视为武财神了。在中国传统社会所信奉的财神有文财神、武财神之分。文财神有比干、范蠡，武财神有赵公明、关羽等。那么山陕商人供奉关羽，也是祈求关公保佑自己发大财。

当然更重要的是，关羽身上的一些特质也是山陕商人所推崇的。我们知道，在"三国"里有一个叫"三绝"的说法。那就是诸葛亮的"智绝"，说他特别聪明，特别智慧；曹操的"奸绝"，也就是奸诈到了极点；还有一个就是关羽的"义绝"，忠心耿耿、义薄云天。

关公的忠义，成为明清山陕商人共同学习、遵守、推崇的商业伦理。由于推崇关公的忠义，商人之间也形成了强大的约束力，如果有谁不遵守契约，背信弃义，就会被其他商人联合反对和抵制，在圈子里面就混不下去。山陕商人在招收学徒时，除了技术培训外，也特别注重职业道德的传授。在培训结束之后，学徒们要经过复杂的考核程序，测试合格后才能进入店铺工作。当时的山陕商人能够在全国范围内发展壮大，除了勇于开拓进取、经营有方外，在很大程度上就是因为他们普遍拥有崇高的追求，重信守义。

所以，山陕商人有很多共同点，都以贩盐起家，继而从事边盐、边茶、边布和皮货生意，共同建设山陕会馆，有共同的信仰，信奉关羽；做生意时又都重信守义，不奸诈。

当然，陕西商人和山西商人还是有点区别的。相比于山西商人对金融的敏感——比如晋商的钱庄票号使他们富可敌国——《史记》里就讲，陕西人不怎么会算账。相对而言，陕西商人的个性有"抱朴守拙"一说。质朴中道是陕西商人的个性，陕西的商人第一是实在，做的都是比较"重"的生意，而不是轻资产，这就叫"朴"。第二个就是"中道"。中道实际就是不得罪人，要使赚钱和做人两件事保持平衡。中道在很多时候当然是优点，但在商帮的发展过程中也可能导致保守思想的出现，比如说小富即安。

在明清时期的陕西商人，在完成资本积累、发家致富以后，大体分成了三拨人：第一拨也是最早的一拨人，就是通过贩盐赚钱之后，跟之后的徽商一样，到扬州繁华之地安家，修园林、养戏班去了。还有一拨人，赚到钱之后就回到家乡，也是买土地、修大院、赏古玩、捧名角，当上了安逸的土财主。另外还有一拨则"跑到四川去发财"。按照一些历史资料的说法，清朝初年的百余年间，"川省正经字号皆属陕客"。

总的来说，明清时代的陕西商人是缺乏进取精神的。小富即安的心态导致他们在赚了足够花的银子之后，就过起了土财主的好日子，不愿再做大了。相比较而言，山西商人在小富之后，还想要奔大富。他们在小买卖做成之后，还要做大生意。

所以在清代，陕西商人去四川这个相对成熟的市场发财的时候，山西商人则大举开发内蒙古、东北、新疆以及俄罗斯的市场，并在晚清时随着全国市场的形成和完善，白银流通加快，数量激增，不失时机地发明了"汇通天下"的票号，不仅雄霸商场，而且几度充当了清王朝的国家银行，完全操控了整个国家的金融业。因此，清代的山西商人在经营管理、人才培养、市场布局、前景预测等方面，比陕西商人做得更完善，更接近于现代商人。

当然，到了清代末期，山陕商人都衰败了。相比于晋商在清王朝覆灭之后才彻底衰落，陕西商人的衰落还要早几十年。主要原因在于，1862年，陕西爆发了一场长达十余年的战乱。陕西关中39个州县均陷入战乱的烽火之中。数十座县城被攻破，遭到劫掠，使得陕西几百年积累下来的财富付之东流。为镇压叛乱，清政府又加重了对陕西的赋税，再加上欧洲机器化生产产品的进入，陕西商人的手工艺产品迅速地落了下风。所以19世纪中后期，陕西商帮迅速地衰落了。

当然历史已经远去。山陕商人当年气壮山河的光芒虽已褪去，但也正是因为500年的沉淀和那些传奇商人的熏陶，才酝酿了今日山陕依旧雄浑的气势。前些年，有一些人因为煤炭价格的涨跌与挥金如土的做派而出现在人们视野之内。也有一部分人，他们不断进取，创业致富，靠着超人的眼光和执着的毅力，成为新陕商、新晋商，在不同的行业取得了非常卓越的成就。

5

第五部分

在焦虑中生长，
时间站在你这边

41

创业就是要选择未来

现在创业的人越来越多,但成功的比例并没有因此增加。经常有人问,是不是应该鼓励年轻人去创业?我认为,任何时候,创业都是年轻的事儿,也都是年轻人的事儿。

我们自己办公司的时候,六个人,平均年龄也就25.8岁。我当时刚过30岁,如果不算我,其余五个人平均年龄才24岁。也就是说,二十多岁创业是最正常的,也是多数人开始事业的阶段。所以,年轻时候创业既不值得骄傲,也不需要自卑,没什么特别牛的事儿,也没什么不牛的事儿。20岁不折腾,脑子有问题;80岁还折腾,脑子也有问题!

现在很多人创业都是奔着赚钱去的,毕竟年轻人想尽早实现财务自由。打劫不行,换爹也不行,除了创业,还有什么办法呢?

假如你要靠打工买房，那么从大学毕业开始，一个月挣五六千，一直干到30岁，大约一个月挣两万块钱，然后找个收入和自己差不多的另一半，两个人一个月挣五万块钱，也许在二线城市可以买到房子，但是在北京恐怕还是买不了房。

而我认为，如果你想创业，就不必按这么一套逻辑去想问题。你首先要清楚：你是要改变自己的活法，而不是简单地赚钱。赚钱只是改变活法这个过程中的一件事而已。当你去创业的时候，如果你希望自己过一种特别的人生，而且是与众不同的人生，那么你的选择就是对的。否则，你既希望与众不同，又想安安稳稳，那我劝你最好别创业了。

我办公司之前是在机关工作，刚开始折腾的时候，家人也很着急。我父亲也是公家人，就给我写信，一口气问了我十几个问题，比如将来看病怎么办，没房子怎么办，等等。也就是说，从我做生意那天起，实际上就脱离了人们期待的常规的人生轨道，这就是我开始选择与众不同的人生的一个起点。

我有一个朋友，现在在做医疗器械连锁，做得非常好。他当初是怎么开始创业的？他结婚之前给一个老板打工，后来他发现创业这事挺好，就很想做，可是又没钱。这时候未来丈母娘给了他一点钱，他自己又凑了点，大概小40万元，准备去买房。他思前想后，跟未婚妻摊了牌。他说我特别想做一件事，正好差点钱，咱这点钱能不能不买房子，让我去办这件事？婚咱还可以接着结，咱先对付着,租个地儿先住,行不行?他原以为未婚妻会拒绝,心想如果这样,那婚也别结了。没想到未婚妻居然支持他:"好,你要做就做,但别跟父母说。"他说行,然后就拿了这笔钱去创业。结果失败了,不仅事没办成,还欠了别人钱。但他未婚妻并没有埋怨他。

后来他租了一个很破的房子,又去给别人打工,还是原来的老板。老板就发现这孩子特别好,好在哪儿?有梦想,敢于拿结婚买房的钱去创业。除此之外,不仅有追求,而且失败了能服输,回来继续打工。所以这个老板对他说,那不如这样,你别打工了,咱俩一起做,我给你点股份,你再借点钱,做一个新业务。

于是他开始了第二次创业,这次成功了。成功之后,他不仅慢慢地把老板的股份买了回来,自己当起了老板,而且现在房子、车子什么都有了,一切看起来都很好。如果他不创业会怎么样?他就是拿了40万买套房,现在还在供房贷。朝九晚五上班,这显然是另外一种人生。

所以创业是什么?创业就是要选择未来,而不是要当下的安稳。如果一个人不想脱离常规的生活轨道,那就不要去创业。

马云高考考了两年都没考上,直到第三次才终于考上了杭州师范学院,毕业以后当了几年英语老师,这就叫常规。后来他突然有了创业的冲动,于是和太太还有另外几个人组织了翻译社,在杭州、北京到处跑,开始做小买卖,都谈不上太成功。他们又跑到长城去发誓,说一定要办成世界上最伟大的公司,结果成功了。没承想,这个故事从发誓到成功也就十几年而已。

马云为什么成功?因为从发誓那天起,他就和普通人不一样了。他不当老师了,不再朝九晚五地在课堂上讲课了,而是要做一个有创造性的生意,做一个有创造性的人,开始一种创造性的生活。正因为脱离了所有的正轨,马云才能够在自己喜欢的事情上慢慢积累,慢慢地克服困难,慢慢地成长。

今天,阿里巴巴成了世界上伟大的公司,这就是不走寻常路的结果。所以年轻人要不要创业,关键在于你是想过常规日子,还是想创造属于自己的未来。

如果你愿意脱离常规的轨道,也能承受失败的风险,那你就去闯荡。你需要记住的是,创业意味着一生,而不是一阵子。除非你运气特别好,否则你就得一生劳碌,一生和困难在一起,一生和不消停在一起,一生和不确定在一起,一生和可能的失败在一起。对于创业者来说,最经常的状态不是度假和红酒,而是加班,这就是创业的时尚!不仅如此,还有发不出工资时的焦虑和被人逼债时的愁苦,这也是创业的时尚。创业就是熬。马云总说,男人的胸怀是委屈撑大的,我们讲,伟大是熬出来的。

王石有一个爱好是登山。他成了这个星球上为数不多完成了"7+2"壮举的人中的一个。所谓"7+2",就是登上了七大洲最高的高峰和南极、北极两个点。我们去戈壁滩徒步的时候,别人的背包里装的都是吃的,而王石的背包里有时候竟然放了砖头。他要求自己时刻有负重感,以后登山的时候,才容易战胜攀高的困难。

除此之外，他在路上还不怎么喝水。他说如果一渴就喝，爬珠峰到8000米以上，没水了怎么办？所以平时就这么熬着，熬到最需要的时候，他才稍微喝点水，这就叫坚持。

中国有几千万家公司，但上市的只有几千家，创业公司活下来的概率非常小。据统计，能够活五年以上的也不过7%，活十年以上的大概2%。你要成为小概率事件，你靠什么呢？我看得靠每天积极应对变化而不松懈，不放弃你的原则。

创业者要想获得成功，还有两点挺重要的。

一是要安分守己，就是对自己要严格要求，才不会犯经济、法律上的错误。有时候你可能委屈自己，也可能少挣点钱，但是你在遵纪守法的范围内做生意，才能持久。举个例子，曾经有一个领导，后来被枪毙了，因为贪腐。我们当时有一个生意要跟他做，和他约在酒店里见面。可是他来了以后，手下人让我们上车谈。我们开始以为是领导谱儿大，结果上了车，他又说要到郊区换个地方谈。这车就一路开到了城乡接合部，突然停下来，手下人都走了，就留一个领导。领导就给我们开了一个价，让我们把钱打到某个银行账户。我们当时有点蒙，就回来了。后来一合计，觉得这事不对，这人不像好人。我们就放弃了，这个事绝对不做了。不做了也没有再多想，直到后来在新闻上看到这个人被判了死刑。这时我们才庆幸，当时我们坚持原则是对的，否则把我们也绕进去了。

这个故事告诉我们，得保持警觉，你必须坚持做好人的价值观，你必须有一个自己的是非标准。这样一来，无论走到哪儿，碰到多么复杂的事，你都能立刻做出判断，回到好人的出发点，避开危险。如果说，当时我们的价值观就是只要能挣钱，把事办了就行，我们可能真就配合这个人，把钱给他了。那么今天，我们连说话的机会都没有，一定也跟着进去了。

第二，还要不断地自我学习、自我修正、自我进步。在创业的过程中，不要指望一开始把所有的事都能想清楚，以变应变才是常态。每天环境都在发生变化，整个创业生涯中，你不能在第一天就规划好你的所有，最重要的是要处理焦点问题，保证你的精力不分散在那些次重要、不重要的事情上。你一定要勤奋，在专业领域里保持学习的态度，你才能够在变化中应对变化。

所以说，如果年轻人愿意改变自己的人生轨迹，追求自己的梦想，创造属于你自己的价值，那么我建议你去折腾、去创业。如果你没有这样的决心，那么还是按部就班地上班为好。这就是我想对那些创业者说的话。

42

年轻人该有怎样的创业心态

说起创业,我从1991年开始到现在,已经有29个年头了。经常有人问我,创业初期难吗?我觉得不该这么问。为什么呢?这相当于问你从子宫到坟墓的一生,刚出子宫时难吗?肯定难啊,什么都不会,立起来都不会,还躺着呢。难,是创业初期很普遍的状态,我特别不愿意说,因为这有点矫情,就像说"我是个婴儿的时候不会吃饭,让人同情"。没人同情你,因为婴儿基本上都不会。你愿意,就永远都不难。

我曾和王石一起去奥地利拜访一位著名的登山家。他在登山界创造了很多奇迹,整个房子里面也全是登山的玩意儿和照片。我们当时也是问:"这一辈子就跟高过不去?跟悬崖峭壁过不去?为什么不躺床上好好过日子?"他没有正面回答,而是引用了另一位著名登山家的话:"山在那里。"还比如,青海有很多一路磕头到布达拉宫的人，你问他为什么，他肯定会说："因为佛在那儿。"也就是说，当你内心有一个梦想，当你愿意的时候，什么时候开始都不迟，什么样的过程你都愿意经历，最终什么样的结果你都能接受。所以我说，创业没有苦不苦的事。

我一开始创业，不是从零到一，而是从负一开始，因为我们注册公司的钱都是找别人借的。所有的都是负的，慢慢折腾。回想这个过程，我更想说的是创业者的一些素质。**我认为主要有四点——自信、我愿意、学习能力、眼界。**

其中第一点非常重要，也是起点，就是你对自己要有期待，不想混吃等死。混吃等死，就等于默认了自己"就是个体重不到200斤的能直立行走的哺乳类动物，无非是分雌雄，没有别的"。但是愿意折腾的人，都是在想吃饭睡觉以外的事，对成就的预期非常高。比如，泰康集团的董事长陈东升，就曾给我们看过他十几岁时写的东西，还有他25岁时发表在《红旗》杂志上的文章，等等。当时就有一个朋友说："只有你和马云认为自己日后肯定了不起。要不怎么这些事都记得呢？我们很多东西都撕了、扔了。"陈东升说："我一直都记得，因为我觉得自己以后是要干大事的。"

所以，要想创业，你就要对自己的未来有超越普通人的期待。除了生活之外，一定还有多一点的东西。至于这个东西是什么，每个人不一样。我不想讲"成就欲望"或者说"生命的意义""梦想"这些大词。我说的都是小词，就是比活着多一点的小东西，这是创业最重要的初衷。

第二点就是"我愿意"。既然有这个冲动,那就是你愿意。既然你愿意,那其他一切困难都过得去。比如"罗密欧与朱丽叶",别人觉得是悲剧,他俩反倒觉得甜蜜。

第三点就是要有很好的学习精神和自我调适的能力。为什么呢?因为你会不断地遇到挫折,只要你不放弃,你就得调适,而这个调适过程就是学习、更新、反省、再生的过程。还是陈东升的例子。他经常讲,他就是凭着1992年国务院体改委出的一个股份公司的暂行条例和有限责任公司暂行条例创办了泰康。为什么呢?因为在这之前,中国人不知道怎么办公司,没有股东概念,也没有董事长概念,什么都没有。出了这个文件以后,他自己学,学了以后就照着这个做,找人入股,赚了钱以后再慢慢买回一些股份来。你要是不学习,这个机会就错过了。我们现在把1992年开始用现代方法创业的这批人叫"92派"。这些人都在机关受过良好的教育,同时也有学习能力。

第四点是眼界。有一次聊天时,我听周航讲他自己的经历。周航1994年在广东开始创业,至今也有26年了。从毕业第一天起,没有工作过,就直接创业了。因为他家就做生意,所以他总觉得做生意更好,工作是没有出息的,怎么能工作呢,还要托关系找工作,这太丢人了。从小家里的环境潜移默化地影响了他。事是自己折腾的,但是眼界、视野还有创业的心思,从小就打开了。

最后再说一下得失心的问题。一旦开始创业,就必然要面对失败。其实真正的创业者，对常人所谓的失败、成功并不那么计较，太计较了，他就不敢冒险。在讨论成功、失败之前，他首先信自己、信未来、信当下。他相信这件事，因此抗打击能力就强。

世界上有三样事情是没有讨价余地的。第一是打仗。多牛的人，流弹飞过来了，也被打死了。多少将军、勇士，你说冤不冤？所以战争这件事情没得商量。第二是竞技体育。奥运会上跑步，刘翔脚一崴，不行了，对吧？但你不能否认，他曾经得过世界冠军。第三就是商业。再牛的人也要拿报表说话。现金流是负的，开不出工资，还不起债，就完了。跟谁说都没用，再百般狡辩也没用。所以，从这个角度来说，创业者面临的挑战跟战争一样严酷，也有很大的随机性。

而且，有很多事需要靠时间才能看清楚。有的商业模式，比如说贝佐斯的商业模式，亏这么多，最后翻过来了。如果只看盈亏，他是失败者。但是从商业模式和未来成长来看，他坚持了20年，这就是一个成功者，超级成功。

所以我觉得，对创业者来说，自己内心不能把成功看太重，患得患失。我看现在的一些融资、创业，老在比独角兽，比估值，其实就相当于"秀恩爱，死得快"。

真正执着的，比如马云、马化腾，他们早期跟人家也不谈价钱，差不多给钱就干，最后一步一步把东西做好，就起来了。真正的创业者，其实是没有心思想着或者压根儿不在乎自己是否成功的。

43

年轻人要比起点，比机会

2019年年初时，我去了一趟阿联酋的阿布扎比，看它们两年一届的国际防务展。防务展非常热闹，有来自50多个国家的1200多家企业参展，光室内展馆就有12个，还有若干个室外展馆。为了让买家更直观地感受这些武器的效果，展会还专门搭建了一个水上场馆和陆地跑道，方便军火公司把自己的军舰、飞机、坦克等拉出来遛一遛。参观类似的防务展可能是生活在和平年代的人们最直观感受现代武器的最好机会了，我挺有兴趣，于是就和朋友还挺仔细地逛了逛。

中国也有好几家军工企业来参展。其中一个展区里边有两家中国企业，它们不像其他的中国企业，净摆一些大家伙，比如导弹、反导弹系统啊，军车、战车这些，它们摆的是一些辅助的东西，很多是衣服——作战服、迷彩服，看着不怎么提神，就像个服装店。

由于更多的人都去看飞机、大炮这些家伙，所以军服这边人不是很多。我进去一家店，只看到一个工作人员在那儿玩手机，看我们进来也不招呼，特别冷淡。我就主动问这小伙子，比如东西有什么特色、怎么卖之类的，没想到那小伙子脑袋也不抬起来，问三句答一句。我觉得他怎么这样招待客人呢，就有点不爽。但我还不甘心，又多问了几句。

我：你这个是国营的企业吗？

他：也不算吧。

我：那你怎么这么个劲头呢？是厂家派来的，还是在当地请的？

他：我是当地的。

我：厂家就没派人？敢情就是给你几个钱，你替厂家在这儿看个摊？

他：算是吧。

我：那这样的话，对人家给钱的人，你可忒不负责，就这么有一搭无一搭地招呼着客人？

他：反正不管卖不卖，他都得给我钱，也没人管我，我就待着呗。

听了以后我觉得，我要是这个服装厂老板，知道底下人这么办事，还花了钱，那得气死。于是我们就离开了，去看另一家。

另一家离得不远，也只有一个人看展台。但这家的小伙子特别不一样。他一看我们进来就立即迎上来，不停地给我们介绍。大概是难得在国外碰上了中国人，他还挺热情，不仅详细介绍什么产品值得买，有什么特点，还把他所了解的防务展的一些情况都跟我们聊了。我们被他的热心所感染，于是不知不觉就挑了好几件衣服，包括T恤，还有平时可以穿的运动服、越野的时候穿的迷彩服。

等我们付了钱转身要走的时候，这个小伙子还告诉我们，说"你们如果有兴趣，我们公司在阿布扎比还有一家更大的店，我可以帮你们联系，找车送你们过去。"因为我平时挺喜欢搜集这些军用的服装和小东西，就说没问题。结果他给我画了一幅很详细的地图，然后又给了我们联系电话。我觉得这小伙子特别贴心，到阿布扎比后就非得去看一下他更大的那家店，果然这家店特别棒，我买了好几千美元的东西才出来。

这两个人的工作态度给我留下了特别深的印象。他们都说中文，可能老板也都是民营企业的老板，但他们待人接物的方式完全不同。

阿布扎比防务展从1993年创办到今天，已经有27年的历史，也是西亚地区最大的防务展。它每两年举办一次，上一届展会是2017年办的，虽然只办了五天，但是现场成交额达52亿美元，还有很多交易是在现场达成意向后再秘密完成的，没统计在内。所以对于任何一个做防务装备的公司来说，这个展会都是特别重要的展示窗口，哪怕是展示一些服装之类的小家伙，背后也是非常有实力的大企业。能被派到这样的展会上做导览工作的，一定是公司里最优秀的人，公司也是希望能产生好的交易结果。

可结果怎么样呢？第一家很明显，小伙子的心思就没放在公司上，别人把东西拿来摆在这儿，他就按天拿钱。是否卖出去东西和他无关，厂家对他也没有监督，当然也没有激励。这个人在这儿摆着，对厂家来说，其实就失去了展示的效果，当然也不可能达成交易，路过的客人也没啥好印象。另一家的小伙子就敬业很多，把公司的事当自己的事，积极地推销产品。我想肯定有两个原因：一是这个人是公司自己的员工，二就是这个展会上的销售业绩和这个小伙的利益直接相关，所以他才攒着劲儿干这个活儿。

同样一件不大的事，两个人所表现出来的截然不同的态度，我相信他们的未来职业发展也会很不一样。第一家店这么懒洋洋又消极的人，估计在平时工作中没什么成绩，也不是一个很进取的人，事业发展不会太好。而第二家店的这个小伙子，他能在每个环节都做到最好，无一遗漏，除了自身成长，也容易得到别人的帮助，甚至会收获意想不到的机会。

后来我就一直在想，公司如何用人？实际上，公司要用人，第一要用那些态度积极的人，对外部事物有好奇心、有进取心，对自己未来的事业有期许的人。如果公司都是由这样的人组成，业务也一定会每天都有所进步。

当然，要实现这样一个目标，除了本人的性格、价值观和出身经历以外，公司还要建立一套激励机制，让员工的工作成果跟他个人的利益有所联系。其次还要对员工的工作状态有所监督。不是派一个人跟在身边，而是用他的工作成果来考核他，最后来激励他，当然也要监督,也有淘汰。这样的话,才能使公司的业务和员工紧密联系起来,公司才能够成长。

在用人上的体会,让我又想起1990年刚到海南的时候碰到的一件事。

20世纪90年代初,我们刚成立公司。那时有个老板开了一家新餐馆,大家都去捧场,我也去了。吃饭的时候,我发现餐馆里有一个人干活儿特别勤快,招呼客人也特别热情。我就问这个人是干什么的,怎么这么高兴,不光玩命干活儿,走路也挺快,还跟任何人都聊得来,结果那老板说,这人是个流浪汉。我就很好奇,怎么流浪的人在他这儿干活呢?我有点儿不信,趁着间歇时间,把这人找到一边跟他聊了两句。

我:听说你是个流浪的?我觉得你不像,你原来是干吗的?

他:我原来在一个工厂里,这不是改革了嘛,也开放,就想着能旅游。可是我又没钱,那怎么办呢?我就一边走一边给人干活儿,每到一个地儿我就找家餐馆,只要人家管我一口饭吃,晚上给我一个地方睡觉,我就好好干,也不要钱,把人家的活儿给干好,不管脏和苦。这样的话,我就没花钱,玩了十几个省,也学了不少东西。我现在对餐馆已经非常熟悉了,如果以后有机会,没准儿我也能开家餐馆。

我觉得这个人挺有意思,就留下了他的联系方式。后来,他果然自己也办了一家餐馆,而且他办那个餐馆最见长的就是服务好,因为他自己就是这么干出来的,深有体会。顾客一进去,每个服务员都有笑容,很乐呵,而且很勤快,照顾人很周到,让每个人都觉得很开心。他就因为这样一种经历,自己也变成了一个成功者。

这事儿一直给我很深的印象。我觉得像这一类人的成功带有某种必然性。为什么呢?他不计较苦,也不计较活儿多不多,更不计较脏和累。对他来说,重要的是刚好来了海南,这里有新开张的餐馆,给了他活儿干,让他能住还能不饿死,他就一定会把活儿干好。如果反过来,他在干活儿的时候天天斤斤计较,还要跟人要钱,那估计早被人赶走了,也就没法旅游了,更不可能在十几个省里头转悠,还攒了一身本事,知道怎么开餐馆了。

人生其实就是这样。如果你斤斤计较,一笔一笔非要算清楚,目光短浅,那不能成大事。有的人不计较眼前的利益,往往能收获更大的成功。这也就是我经常讲的,心离钱越远,钱离口袋越近。

类似的故事还有好多。大家认为做得不错的人,总有一点跟别人不一样,这点不一样集中起来,就是处理利害得失的方式与人不同,因此才能获得机会和朋友的帮助,才能慢慢有所发展,取得成绩。

人一生要经历无数的比较。二十多岁的时候比机会,比平台,比家庭背景,比起点。四五十岁的时候比规模,六七十岁的时候比自在,八十岁以后比子孙。人一生都在跟别人比,但是每个阶段的参照系都不一样。

对年轻人来说，现在最重要的是比起点，比机会。机会怎么来的呢？不是争来的。很多时候，你让别人感觉开心，别人就会不断给你机会。你让别人感觉能在你身上占到便宜，别人也会给你机会，你也因此越走越顺畅，终有一天你会真的做你想做的事，最终取得成功。

44

大象哲学与"象牙女王"

关注"冯仑风马牛"公众号的朋友都知道,每到周末,我们都会推送一条周签,在周签里经常出现大象的漫画形象。总有读者问:"为什么会有大象?"我也解答过这个问题,因为我喜欢的动物是大象。我觉得大象有很多值得我们人类学习的品质,我把这些品质概括为"大象哲学"。那么,什么是大象哲学呢?

从前看《狮子王》,我一直觉得狮子是草原上最牛的动物。直到有一次,我在肯尼亚看到的事情改变了我的想法。那是夏天,突然变天了,电闪雷鸣,云压得很低,感觉有点恐怖。所有的动物都开始奔跑,只有大象不动,它好像对外界的变化没有任何感觉,依然优哉游哉,在那边站着,吃草,然后慢慢走着、挪着。

大象跟前有一头狮子,东张西望的,看上去似乎很恐惧,低着头就溜走了。我突然有一个疑问：这狮子怎么这么胆小呢？在大象面前，怎么像只羚羊一样，蔫了吧唧的。而羚羊，当然一受惊吓就跑，其他一些小动物也早就不见影了。狮子怎么也是这样的呢？雷还没来呢，就缩着脖子灰溜溜地从大象面前狼狈地走开了？

后来我发现，**在草原上，狮子和大象是两个极端的动物。**食肉类动物里，狮子是个"大王"；而食肉类、食草类加起来的话，"大王"应该是大象，这挺有意思吧。

首先，大象吃的东西跟狮子不一样，它吃草。草是大量供应的，很容易得到，不需要跟谁争，所以养成了大象**"不与人争"**的性格。草原上都是草，大象也要一直吃，才能把自己喂饱。这样一来，吃草的反而成了个头儿最大的。狮子反过来，它吃了上顿没下顿，吃一顿得管四五天，一次要吃几十磅的鲜肉。所以狮子要想活着，永远得以杀死其他动物为前提。它总是要和其他动物进行生死较量，"你死我才能活"。**而大象是"大家都活，只是我比你勤奋"。**所以这两种生活态度和生活哲学是不一样的。

第二，狮子永远是"先发制人"。它不"先发制人"就吃不着，所以狮子总是吃奔跑中的动物，抓住它，吃掉它。**而大象是"后发制人"**，从不主动出击，哪怕是比它个头儿小得多的动物，在大象身边都有安全感。

我就在想，**一个不与人争又不攻击人的人，是不是一定能成为最牛的人呢？**我相信是的，但这似乎还不够。别人欺负你，你得有手段还击。所以大象不仅能够做到"不与人争",它还有保护自己的办法,也就是说,它有"后发制人"的本事。

大象怎样"后发制人"呢?主要有三。首先是防护。大象的皮有好几厘米厚,狮子根本啃不下去,就相当于有盔甲一样,狮子没法下嘴。其次,它会用鼻子和象牙把"敌人"挑起来摔死。最后,万一没摔死,摔蒙了,大象有几吨重,走过去拿它那大蹄子一踩也能踩扁了。大象的每个动作都特别简单——防护、挑起来、踩扁,没多余动作。

我从大象身上体会到一件事情:**要想在竞争当中保持强者地位,并不需要每天去杀害别人,只要像大象一样做好这三件事就可以了。**第一,不争。你做的一定不能是"你死我活"的事,而要是"大家都能活"的事。第二,要保护好自己。第三,无事不惹事,有事不怕事。遇到挑战就回击,用最简捷、最有效的办法结束这件事情。

我从大象这儿学到了智慧,于是就特别喜欢它。我觉得企业也好,个人也好,应该像大象一样。**《道德经》讲"夫唯不争,故天下莫能与之争",大象就是典型。**

在动物世界里,大象是"大王",到了人类面前,大象就变得脆弱,有些不堪一击了。在过去,大象的分布极广,除了大洋洲和南极洲以外,各大洲都有大象的足迹。在中国,大象长期生活在包括黄河流域在内的广大地区。

我们知道，河南省的简称叫"豫"。根据一些学者的解释，这个"豫"字最初的意思，就是一个人牵着一头象。甲骨文里甚至有记载，商王朝拥有大象军团。一千多年前的宋代，还有人在河南看到过大象。随着环境的变化、大象栖息地的破坏，以及人类的捕杀，大象的数量急剧下降，活动范围也越来越小。到现在，我们中国境内，除了动物园里的大象，仅有云南的部分地区还有野生大象，数量不过几百头。

不仅是中国，其他地方的大象也越来越少了，比如说非洲。过去，撒哈拉沙漠以南的非洲，到处都是大象。据统计，1800年时，非洲地区大象的总数超过了2600万头。因为他们是陆地上最大的哺乳类动物，没什么天敌。而且非洲人也不太会去捕猎大象，因为非洲有更多更容易捕获的动物，同样可以得到肉和皮，所以他们对大象的兴趣不大。

可是，到了20世纪70年代之后，东亚、东南亚一些经济体，也就是日本、亚洲四小龙，以及中东一些国家逐渐发展起来了。这些经济体都有拿象牙做艺术品的传统。有钱之后，就在国际市场上大规模地购买象牙。同时，因为国际金融市场动荡，象牙由于需求量大，而供应量有限，就慢慢地变得和黄金、钻石一样，被视为一种价值稳定的硬通货，西方一些大银行竞相争购和储存。这就导致象牙的价格不断上涨。

于是，一些人就把大象看成是价值连城的"白色黄金"，把偷猎象牙看成是发财致富的捷径，千方百计去非洲捕杀大象。到现在，整个非洲的大象只剩下了几十万头，跟200年前的2600多万头相比，仅仅剩下一个零头。大象种群面临前所未有的危机。

为了保护大象，1989年的《濒危物种国际贸易公约》禁止象牙贸易。但是过去的30年里，偷猎大象和象牙贸易依然难以禁止，并有愈演愈烈之势。比如2015年，就有两万头非洲象因为象牙贸易而被猎杀，这个数量超过了当年非洲新生象的总和。

在禁止象牙贸易的过程中，有一个现象很值得探讨。那就是在很长一段时间里，国际条约打击的是非法象牙贸易，而所谓的"合法贸易"是允许的。什么是合法贸易呢？就是大象自然死亡后取下象牙进行买卖。但是，合法的象牙贸易给消费者造成一种错觉，让人们以为象牙制品是允许被买卖的，于是需求量越来越大，反而刺激了非法贸易的日益猖獗。

在这种情况下，只有实现彻底不买卖，才能减少杀戮。于是，在全球各国一致打击非法象牙贸易的背景下，中国于2017年12月31日全面禁止商业性象牙销售和加工。这让大象的保护者们看到了希望。

不久之后，我们看到了一条新闻，2019年年初，一名中国女商人杨凤兰，因走私象牙，被坦桑尼亚判处15年有期徒刑。2015年，她在坦桑尼亚被捕时，正领导着非洲规模最大的象牙走私团伙。根据法庭文件，她被指控在2000—2014年间，走私了将近两吨的象牙制品，因此被一些媒体称为"象牙女王"。

这位"象牙女王"在2019年已经69岁。40年前，中国援建坦赞铁路工程的时候,她在坦桑尼亚当翻译。坦赞铁路1975年完工之后,她回到中国。1998年,她重返坦桑尼亚,开始做生意。做着做着,她就走上了走私象牙这条路。从"象牙女王"获刑,我们能看到国际社会在保护大象这件事情上的努力。

当然我们也要知道,人们大规模猎杀大象并不完全是为了象牙贸易,还有的是为了土地。比如西非的一些地区,为了开发、利用这些土地,人们通过猎杀大象,将大象从其原有的栖息地上驱逐出去,导致当地大象种群数量下降极快。从这个角度看,要保护大象,还需要尽可能地保护大象的栖息地。

所以,我们需要做的事情还有很多。除了减少象牙需求,打击非法捕杀,保护大象栖息地以外,更重要的是要帮助非洲消除贫困。要知道,非洲象的盗猎与贫困有着密切的关系。只有消除人类的贪婪,消除贫困,才能避免大象从地球上消失。

45

了解伟大的真实,相信真实的伟大

我观察事情时,经常会对一些伟大的人特别好奇,于是"扒门缝"去看他们的另外一面。我觉得这样会获得意外的惊喜和真实的力量。玄奘,在我看来,就是一个真实而又伟大的人。

关于玄奘,我们更熟悉的形象应该是《西游记》里的唐僧,有点唯唯诺诺,是个需要徒弟保护的"老鲜肉"。

历史书里的玄奘是一个伟大的高僧,凭一己之力,用十几年时间西去印度取经,然后又回来翻译这些经文,对中国的佛教文化发展影响深远。实际上,玄奘西域取经的难度,是远远超出普通人想象的。那可是在1400多年前,玄奘作为一个二十来岁的小伙儿,要从现在的西安到新疆,再穿过中亚南下印度,几乎绕了整个印度一圈,完全靠徒步,目的就是寻求最正宗的佛法,这毅力绝对超凡。

《西游记》里说这一路师徒有四个人,但是在真实的记载当中，玄奘在旅行中有旅伴的时间并不多。大多数时候他都是一个人，包括在戈壁、沙漠、雪山很多艰险的路段，都是他独自一人。这个路线放到现在，即使有现代交通工具的帮助，也很难独自走完。一个人的信念可以坚定到这种地步，"前无古人，后无来者"，玄奘当之无愧。

玄奘作为一代高僧的伟大，你一定听得很多了，所以，我今天就讲讲他的另一面——小气、局促、别扭，甚至是"庸俗"的一面。这里说的"庸俗"，是说他虽然身为出家人，但是很接地气，不但在佛教这个领域做到了第一，在其他方面也做得挺到位的。

玄奘在当时应该算是"穷游"界相当知名的人了，而且在他那个年代，佛教在整个亚洲的发展都很兴盛，所以他一路往西的路上，因佛教而结交了很多人，私交特别好的人里，还有几位一国之君，其中最著名的是高昌国王麹文泰。

玄奘踏上求学路后，九死一生，好不容易走出沙漠，到达现在新疆吐鲁番市高昌区东南边的高昌国。当时，玄奘已经算得上一位学术造诣精深的法师了，正好高昌王麹文泰也钟情于佛法，于是邀请玄奘在高昌国内常驻讲经修法。一位国家君主这么隆重的邀约，要拒绝其实很难。

这个时候，玄奘过人的交际能力、深谙政治之道的一面就展现出来了。高昌王因为希望留下玄奘，软硬兼施，玄奘推托不掉，甚至以绝食的方式表达意见。最后高昌王担心玄奘真的就这么饿死在自己手里，于是放弃了邀约，以请玄奘讲经一个月为条件放行。两人还结拜成兄弟，高昌王不但送了玄奘足够20年用的路费，还为这位兄弟准备了一支赶路小分队，包含马匹、随从、徒弟、高官，还有给前方路上相熟国家君主的私人信件，确保玄奘可以顺利通行。

玄奘一生中，除了在天竺取经路上认识了各种权贵外，他和唐太宗、唐高宗的关系也非常密切。要做到这一点，仅仅凭借自己在佛法研习上的造诣那肯定是不够的，还得有点个人的智慧。

在我的印象中，出家人就该六根清净、不问俗世，实际上，以玄奘这样一代高僧的地位来说，不问俗世是不可能的。玄奘学佛也是希望能弘扬佛法，传道给更多人，其目的仍然是入世。有几件小事，很能说明玄奘在出家人身份之外的性情。

玄奘开始决定去天竺取经学佛时，正好是唐朝初年。当时人口是不能随便流动的，出关要有护照，要取得相关许可。但玄奘去意已决，而且不等护照签证的发放就想走，所以只好混进了流民队伍当中偷偷逃出了长安。等他取经回来，在印度名声大噪了，这就成了一个问题。玄奘的厉害之处就显示出来了，他在返回的途中，还没有到长安时，就给唐太宗写了不止一封信，态度诚恳、谦卑地做了检讨，请求唐太宗原谅自己当时求学心切，犯下偷渡的错误。

这一招相当厉害。在已功成名就的时候，公开自己当初的过错并祈求原谅，而且以赎罪之心带回当时被认为是世界上最厉害的佛法论文，那唐太宗能不给台阶下吗？所以等玄奘回到长安时，唐太宗不仅没有处分他，反而让文武百官、百姓、僧尼全都夹道欢迎，可见人该软的时候就要软。

玄奘回国后，一方面接下了国家交下来的任务，一方面又专注自己"本行业的市场拓展"，同时不忘和最高领导层搞好关系，还要面对不同宗派的竞争，处理很多缠在身边的俗事。我们回过头看，他做得都不错。尤其是玄奘的处事之道，某种程度上是值得我们商人学习的。

由他口述、弟子记录的一本书叫《大唐西域记》，非常有名，这是国家给他的任务，让他把去天竺求学途中的见闻都记录下来。这本书后来成为研究中国佛教历史、中印交流史和当时中亚、印度的地理风貌、风土人情最重要的历史典籍。它的编写其实最早是唐太宗要求的，当时唐太宗和唐高宗最基础的信仰应该算是道教，但到了他们执政时期，佛教发展势头迅猛，民间信仰也非常兴旺，加上玄奘的成就，所以两位帝王对佛教的态度都有点微妙。唐太宗去世前的很长一段时间，玄奘像是国师一样，常常进宫一整天，跟唐太宗讨论佛法；到了唐高宗时候，虽然后期玄奘的很多请求都被驳回，但高宗还是很敬重他的。玄奘圆寂的时候，高宗还感叹"朕失国宝"。

玄奘为了弘扬佛法，获得政府的支持，他在高宗面前也时常要极力讨好，会称颂帝国出现祥瑞之兆，甚至为武则天的孩子主持剃度。但在政治权力中心游走，哪有不湿鞋的道理？哪怕是像玄奘这样已经非常懂得周旋的高僧，后来也遇到一些困难，甚至是打击。

晚年的时候，玄奘遭受了两次打击。

一是他的得意门生辩机在30岁的时候被人告发和高阳公主私通，被砍了头，这对玄奘的打击非常大。和尚本来就该遵守戒律，更何况是跟公主通奸。这对玄奘的声誉也有非常大的负面影响。当然，玄奘对这事也是无可奈何的。

二是当时有个叫吕才的人，对玄奘的学术研究提出了质疑，认为他的佛法不权威，甚至提出了四十多条论据说明佛法里自相矛盾的地方，还专门出书来说这件事。最后高宗得知了两人的敌对关系，下令他们在当时玄奘所在的慈恩寺当面辩论。很多后来研究者都觉得，虽然在有关记载里写的是吕才败退，但实际情况未必是这样。

关于玄奘"俗气"的一面，还有一件事能说明他为人处世的态度和气度。钱文忠是季羡林的弟子，他在《玄奘西游记》里讲过一桩丑闻：当时印度有一位叫福生的僧人到长安，带了500多夹佛经，要在长安定居，并且以翻译经文为生。不知为什么，玄奘非常不喜欢他，处处打压这个人，最后导致福生出走长安，死在瘴气密布之地，而他带来的经文却被玄奘抢走了。不管是不是真事，可见玄奘晚年与政治权力中心的关系时紧时松，使得他的身份和他的伟大背后多了更复杂的背景。有时候他为了最终目的，要顺势而为装一些庸俗。有时候他又为了坚持，要奉献一些理想的执着，对佛教的事业发展厥功至伟。

这"俗"的一面，和他坚持"真"的一面，恰好构成了一个人的立体形象，具有两面性。我们能从他身上通过真实而找到坚持理想的根据，更重要的是，我们了解到，人之所以伟大，不是因为他脱离了我们日常的生活，脱离了现实，而是因为他生活在真实之中。

伟大的人物，其力量来源不是虚矫，也不是文饰，更不是自我吹捧，而是来自真实生活，来自脚踏实地地观察世界、与人相处。更重要的，甚至来自他庸俗的委屈和不得不做的妥协，以及他长期的忍耐和坚守。了解了伟大的真实，我们才能相信真实的伟大。

图书在版编目（CIP）数据

扛住就是本事 / 冯仑著. — 北京：北京联合出版公司, 2020.5（2024.2重印）
ISBN 978-7-5596-4124-3

Ⅰ.①扛… Ⅱ.①冯… Ⅲ.①企业管理—通俗读物 Ⅳ.①F272-49

中国版本图书馆CIP数据核字(2020)第055633号

扛住就是本事

作　　者：冯　仑
选题策划：北京磨铁图书有限公司
责任编辑：牛炜征
封面设计：沐希设计

北京联合出版公司出版
（北京市西城区德外大街83号楼9层　100088）
三河市中晟雅豪印务有限公司印刷　新华书店经销
字数：194千字　880mm×1230mm　1/32　印张9.5
2020年5月第1版　2024年2月第11次印刷
ISBN 978-7-5596-4124-3
定价：59.00元

版权所有，侵权必究
未经书面许可，不得以任何方式转载、复制、翻印本书部分或全部内容。
本书若有质量问题，请与本公司图书销售中心联系调换。电话：（010）82069336